MLP-REPETITORIUM

Gabriele Hildmann

Mikroökonomie

INTENSIVTRAINING

2. AUFLAGE

REPETITORIUM WIRTSCHAFTSWISSENSCHAFTEN
HERAUSGEBER: VOLKER DROSSE | ULRICH VOSSEBEIN

GABRIELE HILDMANN ist Geschäftsführerin einer Unternehmensberatung mit den Schwerpunkten Qualitätsmanagement und Marketing. Darüber hinaus ist sie seit mehreren Jahren als Lehrbeauftragte an der Fachhochschule in Gießen-Friedberg tätig.

Bibliografische Information Der Deutschen Bibliothek
Die Deutsche Bibliothek verzeichnet diese Publikation in der Deutschen Nationalbibliografie; detaillierte bibliografische Daten sind im Internet über <http://dnb.ddb.de> abrufbar.

1. Auflage 1998
.
.
2., überarbeitete Auflage Mai 2005

Alle Rechte vorbehalten
© Betriebswirtschaftlicher Verlag Dr.Th. Gabler/GWV Fachverlage GmbH, Wiesbaden 2005
Der Gabler Verlag ist ein Unternehmen von Springer Science+Business Media.
www.gabler.de

Das Werk einschließlich aller seiner Teile ist urheberrechtlich geschützt. Jede Verwertung außerhalb der engen Grenzen des Urheberrechtsgesetzes ist ohne Zustimmung des Verlags unzulässig und strafbar. Das gilt insbesondere für Vervielfältigungen, Übersetzungen, Mikroverfilmungen und die Einspeicherung und Verarbeitung in elektronischen Systemen.

Die Wiedergabe von Gebrauchsnamen, Handelsnamen, Warenbezeichnungen usw. in diesem Werk berechtigt auch ohne besondere Kennzeichnung nicht zu der Annahme, dass solche Namen im Sinne der Warenzeichen- und Markenschutz-Gesetzgebung als frei zu betrachten wären und daher von jedermann benutzt werden dürften.

Gedruckt auf säurefreiem und chlorfrei gebleichtem Papier

Lektorat Jutta Hauser-Fahr / Walburga Himmel
Umschlagkonzeption independent, München

ISBN-13: 978-3-409-22620-2   e-ISBN-13: 978-3-322-86751-3
DOI: 10.1007/978-3-322-86751-3

Gabriele Hildmann

Mikroökonomie

INTENSIVTRAINING

Der günstige Preis dieses Buches wurde durch großzügige Unterstützung der

MLP Finanzdienstleistungen AG Heidelberg

ermöglicht, die sich seit vielen Jahren als Partner der Studierenden der Wirtschaftswissenschaften versteht.

Als führender unabhängiger Anbieter von Finanzdienstleistungen für akademische Berufsgruppen fühlt sich MLP Studierenden besonders verbunden. Deshalb ist es MLP ein Anliegen, Studenten mit dem MLP-REPETITORIUM Informationen zur Verfügung zu stellen, die ihnen für Studium und Examen großen Nutzen bieten, der sich schnell in Erfolg umsetzen lässt.

Vorwort zum Repetitorium Wirtschaftswissenschaften

Das Repetitorium Wirtschaftswissenschaften richtet sich an Dozenten und Studenten der Wirtschaftswissenschaften, des Wirtschaftsingenieurwesens und anderer Studiengänge mit wirtschaftswissenschaftlichen Inhalten an Universitäten, Fachhochschulen und Akademien. Es ist gleichermaßen zum Selbststudium für Praktiker geeignet, die auf der Suche nach einem fundierten theoretischen Hintergrund für ihre Entscheidungen in den Unternehmen sind.

In allen Bänden des Repetitoriums wird besonderer Wert auf Beispiele, Übersichten und Übungsaufgaben gelegt, die die Erarbeitung des jeweiligen Lernstoffs erleichtern und das Gelernte festigen sollen. Zur Sicherung des Lernerfolgs dienen auch die zahlreichen Tipps zur Lösung der Aufgaben, die vor einem Vergleich der eigenen Lösung mit der Musterlösung eingesehen werden sollten. Sie enthalten einerseits die Resultate der Musterlösungen und zum anderen Hinweise zum Lösungsweg.

Dieser Grundkonzeption folgt auch die zweite Auflage der „Mikroökonomie". Im Vergleich zur ersten Auflage wurden einige Abschnitte neu formuliert, um die Inhalte dem Leser noch leichter zugänglich zu machen. Darüber hinaus wurde das gesamte Buch einer kritischen Durchsicht unterzogen und das Literaturverzeichnis aktualisiert.

Für Anregungen, die der weiteren inhaltlichen und didaktischen Verbesserung des Repetitoriums dienen, sind wir dankbar.

Die Herausgeber

Volker Drosse *Ulrich Vossebein*

Inhaltsverzeichnis

1. Einleitung 1
   1.1 Die Nutzen- bzw. Gewinnmaximierung 1
   1.2 Die Rationalität der Wirtschaftssubjekte 2
   1.3 Das Entscheidungsverhalten der Wirtschaftssubjekte 4
       1.3.1 Die Entscheidungen bei Sicherheit 5
       1.3.2 Die Entscheidungen bei Unsicherheit 7
           1.3.2.1 Die Entscheidungen bei Ungewissheit 7
           1.3.2.2 Die Entscheidungen bei Risiko 10
       1.3.3 Die Implikationen der Spieltheorie 13
Übungsaufgaben zum 1. Kapitel 24

2. Haushaltstheorie 27
   2.1 Die Nutzenfunktionen und subjektive Konsumpräferenzen 27
       2.1.1 Die kardinale und ordinale Nutzentheorie 29
       2.1.2 Die Nutzenfunktionen und Indifferenzkurven 30
   2.2 Die Budgetgerade und der optimale Verbrauchsplan 39
   2.3 Die Nachfragekurve des Haushalts 47
   2.4 Die Einkommenseffekte 50
   2.5 Die Elastizitäten 52
       2.5.1 Die Preiselastizität 53
       2.5.2 Die Kreuzpreiselastizität 57
       2.2.3 Die Einkommenselastizität 58
   2.6 Die Gesamtnachfrage und Nachfrageinterdependenzen 58
   2.7 Das Faktorangebot des Haushalts 60
Übungsaufgaben zum 2. Kapitel 64

3. Produktionstheorie 68
   3.1 Die Produktionsfunktion 70
       3.1.1 Die substitutionalen Produktionsfunktionen 72
           3.1.1.1 Die partielle Faktorvariation 74
           3.1.1.2 Die totale Faktorvariation 81
       3.1.2 Die ertragsgesetzlichen Produktionsfunktionen 86
       3.1.3 Die limitationalen Produktionsfunktionen 90

3.2 Die Produktionsmöglichkeitenkurve 92
Übungsaufgaben zum 3. Kapitel 96

4. Kostentheorie 101
   4.1 Die Minimalkostenkombination 101
   4.2 Die Kostenverläufe 106
        4.2.1 Die grundlegenden Begriffe 107
        4.2.2 Die langfristigen Kostenverläufe..................................... 108
        4.2.3 Die ertragsgesetzlichen Kostenverläufe 110
   4.3 Der optimale Produktionsplan 111
Übungsaufgaben zum 4. Kapitel 117

5. Preistheorie 119
   5.1 Die Klassifizierung von Märkten 119
        5.1.1 Die Bestimmungsmerkmale von Markttypen 119
        5.1.2 Die Bestimmungsmerkmale von Marktformen 121
   5.2 Das Marktgleichgewicht 122
   5.3 Die Preiswirkung von Angebots- oder Nachfrageänderungen... 126
   5.4 Die verzögerte Anpassung 128
   5.5 Preisbildung bei atypischer Angebotsfunktion 130
   5.6 Die Wirkung von Steuern auf das Marktgleichgewicht 131
   5.7 Die Wirkung von staatlichen Mindest- bzw. Höchstpreisen 132
   5.8 Die Marktpreisbildung im homogenen Polypol 134
   5.9 Die Marktpreisbildung im Angebotsmonopol 136
   5.10 Die Marktpreisbildung im Angebotsoligopol 140
        5.10.1 Der Cournotsche Lösungsansatz 141
        5.10.2 Die geknickte Preisabsatzfunktion 143
Übungsaufgaben zum 5. Kapitel 145

Tipps zur Lösung der Übungsaufgaben 148

Musterlösungen zu den Übungsaufgaben 152

Literaturempfehlungen 172

Stichwortverzeichnis 173

1. Einleitung

In der modernen arbeitsteiligen Wirtschaft ist der Einzelne zumeist nicht in der Lage, seine Bedürfnisse allein zu befriedigen. Deshalb kommt es zum Austausch von Gütern und Leistungen zwischen den Wirtschaftssubjekten. Wie weit die Entscheidungsfreiheit des Einzelnen (= der Wirtschaftseinheit) reicht, wird von der herrschenden Marktordnung beeinflusst. Während in einer Zentralverwaltungswirtschaft der Entscheidungsspielraum eng begrenzt ist, können Wirtschaftssubjekte in der Marktwirtschaft weitgehend frei entscheiden. Von einem marktwirtschaftlichen System ausgehend, setzt sich die Mikroökonomie deshalb im Wesentlichen mit dem Entscheidungsverhalten der Wirtschaftssubjekte und den sich durch das Zusammentreffen dieser Entscheidungen am Markt ergebenden Konsequenzen auseinander. Als oberstes Ziel der Mikroökonomie lässt sich somit **die Erklärung der marktwirtschaftlichen Koordination der individuellen Entscheidungen** ausmachen. Insofern ist die Mikroökonomie **Preistheorie**, da sie die Preisbildung auf den Märkten erklärt, und **Wohlfahrtstheorie**, weil sie die Steigerung der gesamtwirtschaftlichen Wohlfahrt untersucht.

1.1 Die Nutzen- bzw. Gewinnmaximierung

Die einzelnen Entscheidungsträger treten entweder als Haushalt oder als Unternehmen auf. Ein **Haushalt** kann aus einer oder mehreren Personen bestehen, die entweder als Konsumenten oder als Anbieter von Produktionsfaktoren (Arbeitsleistung, Kapital und Boden) auftreten. Die einzelnen Haushalte entscheiden autonom. Ein **Unternehmen** besteht aus einem oder mehreren Entscheidungsträgern, die mittels einer selbstbestimmten Produktionstechnik Güter produzieren und diese anbieten. Gleichzeitig fragen sie die zur Leistungserstellung notwendigen (Produktions-)Faktoren am Markt nach. Wie die Haushalte entscheiden auch die Unternehmen isoliert, das heißt unabhängig von anderen Unternehmen und den Haushalten.

Es wird davon ausgegangen, dass die Haushalte einen möglichst hohen Grad der Befriedigung ihrer Bedürfnisse durch materielle und immaterielle Güter (= Dienstleistungen) erreichen wollen. Wird das Maß für die subjektiv empfundene Bedürfnisbefriedigung als Nutzen bezeichnet, dann werden die Haushalte versuchen ihren **Nutzen zu maximieren**. Die Unternehmen werden entsprechend bestrebt sein ihren (langfristigen) **Gewinn zu maximieren**, da sie durch dieses Verhalten das Einkommen (Kapital und Boden) der Eigentümer maximieren und dadurch mit deren Ziel der Nutzenmaximierung konform gehen. Es zeigt sich, dass die von Eigeninteresse geleiteten Entscheider in einem funktionierenden Umfeld (Freiheits- und Eigentumsrechte anderer werden akzeptiert und es herrscht Wettbewerb unter den Handelnden) bestrebt sein werden, ihre Ressourcen (= Produktionsfaktoren) dort einzusetzen, wo sie das meiste erwirtschaften. Dies setzt stets voraus, dass sie nur zur Produktion von Gütern eingesetzt werden, die andere auch nachfragen. Die zur Entscheidung notwendigen Informationen liefert das marktwirtschaftliche Preissystem, das relativ knappe Güter mit relativ hohen Preisen bewertet und umgekehrt. *Adam Smith* (1723-1790) sprach in diesem Zusammenhang von der ordnenden „**unsichtbaren Hand des Marktes**", die eine optimale Verteilung der Produktionsfaktoren (= Allokation der Ressourcen) bewirkt und dadurch die gesamtwirtschaftliche Wohlfahrt steigen lässt.

1.2 Die Rationalität der Wirtschaftssubjekte

Im Bestreben, das Verhalten der Wirtschaftssubjekte zu erklären, geht die mikroökonomische Theorie von einem sich rational verhaltenden Entscheider aus. Der Entscheider ist demnach bestrebt, ein bestimmtes Ziel mit möglichst geringen Mitteln (**Minimalprinzip**) zu erreichen, oder er versucht mit gegebenen Mitteln möglichst hohe Ziele zu realisieren (**Maximalprinzip**). Beiden Prinzipien sind Ausprägungsmöglichkeiten des **Wirtschaftlichkeitsprinzips**. Ein in diesem Sinn des Wirtschaftlichkeitsprinzips handelnder Entscheider, ein rational handelnder Mensch, wird als **homo oeconomicus** bezeichnet.

Häufig wird angeführt, der homo oeconomicus liefere nur ein Zerrbild des menschlichen Verhaltens, denn das Konstrukt lasse keinen Raum die „menschliche Dimension" des Entscheidungsverhaltens abzubilden. Bei genauer Betrachtung erweist sich dieser Einwand ist jedoch wenig schlagkräftig. Die Nutzenfunktion als Bezugspunkt des Wirtschaftlichkeitsprinzips bietet ausreichend Möglichkeiten, die persönlichen Präferenzen des Entscheiders abzubilden. So ist der Kauf eines teuren Autos rational, wenn der damit verbundene Nutzen höher ist als der des billigeren Autos. Welche Eigenschaften den Nutzen eines Autos ausmachen (Sicherheit, Benzinverbrauch, Wiederverkaufswert, Image etc.) hängt allein von der subjektiven Einschätzung des Wirtschaftssubjekts ab. Selbst Spenden oder Geschenke sind rational, wenn sich dadurch der eigene Nutzen erhöht. Auch Nachfrageinterdependenzen, wie die etwa die Präferenz einer gemeinsamen Urlaubsreise anstatt einer Alleinreise darstellt, lassen sich in die eigene Nutzenfunktion integrieren und damit auch optimieren. Impulsives, traditionelles oder historisch bedingtes Verhalten erweist sich dagegen als nicht-rational.

Einwände gegen das Konstrukt des homo oeconomicus ergeben sich häufig aus der Annahme, der Entscheider kenne alle relevanten Informationen. Ohne vollkommene Information ist rationales Handeln nicht möglich. Beispielsweise wird die Entscheidung hinsichtlich einer Urlaubreise nicht nur von Faktoren, die im Voraus festliegen(Reisepreis, Urlaubstage u.a.) abhängen, sondern auch von Faktoren, deren tatsächliche Ausprägung im Voraus nicht feststehen (Hotelservice, Wetter, Mitreisenden). Der Nutzen dieser Reise wird somit von Faktoren beeinflusst, deren Ausprägung sich nicht mit Sicherheit vorherbestimmen lässt. Nur wenn das Wirtschaftssubjekt Kenntnis über alle relevanten Parameter hätte, könnte es seinen Nutzen maximieren. Fraglich ist demnach:

1. wie Faktoren berücksichtigt werden können, über die (noch) keine sicheren Informationen vorliegen und
2. inwieweit es sich angesichts bestehender Informationskosten lohnt, ein bestmögliches Informationsniveau anzustreben.

Zwar liefert die **Entscheidungstheorie** Teilantworten auf diese Fragen, trotzdem wird in vielen Entscheidungssituationen, insbesondere auch unter Berücksichtigung der bestehenden Informationskosten, ein Rest von Unsicherheit hinsichtlich der Ausprägung einzelner Variablen bestehen bleiben. Somit erweist sich die Voraussetzung vollständiger Information als Grundlage rationaler Entscheidungen in vielen Fällen als nicht erfüllbar. Obwohl sich die Facetten der zwischenmenschlichen Beziehungen, wie Mitgefühl oder Neid und bestehende Nachfrageinterdependenzen, in das Konzept des homo oeconomicus einbinden lassen, scheitert das Konzept beim Versuch, die Vielzahl der notwendigen Informationen adäquat zu verarbeiten.

In neueren mikroökonomischen Ansätzen ist deshalb an die Stelle des homo oeconomicus vielfach ein Entscheider getreten, dessen Ziel es ist, in einer nicht vollständig bekannten Umwelt keine maximale, sondern eine zufrieden stellende Zielerreichung zu realisieren. Es wird davon ausgegangen, dass das Wirtschaftssubjekt verschiedene subjektive Anspruchsniveaus definiert, bei deren Erreichen der Suchprozess beendet wird. Erweist es sich als zu schwer bzw. zu leicht, ein angestrebtes Niveau zu erreichen, dann sinkt bzw. steigt das Anspruchsniveau mit der Zeit. In diesem auf *H. A. Simon* zurückgehenden Konzept der „**eingeschränkten Rationalität**" tritt an die Stelle eines maximalen Nutzens ein befriedigender Nutzen. Wobei es dem Wirtschaftssubjekt nicht gleichgültig ist, wie stark sein Anspruchsniveau überschritten wird. Der Entscheider wird stets die Lösung, die sein Anspruchsniveau stärker überschreitet, präferieren. Empirische Untersuchungen haben gezeigt, dass die Anspruchsanpassungstheorie das reale Entscheidungsverhalten besser erklären kann als die Annahme eines rationalen Verhaltens. Trotzdem sind die Anstöße dieser Erkenntnis auf die Mikroökonomie noch gering. Es ist vor allem die Theorie der Unternehmung, die neue Impulse aus der Anspruchsanpassungstheorie aufgenommen hat.

1.3 Das Entscheidungsverhalten der Wirtschaftssubjekte

Unbestritten hat jeder Mensch täglich eine Vielzahl von Entscheidungen zu treffen, wobei diese Wahlakte mehr oder weniger bewusst verlaufen. Gemeinsam ist den Entscheidungen jedoch, dass sie Konsequenzen sowohl für den Entscheider als auch für sein Umfeld haben. Deshalb ist die Entscheidungstheorie, die einerseits die Beschreibung des Entscheidungsverhaltens (= deskriptive Entscheidungstheorie), andererseits die Vorgabe eines rationalen Verhaltens (= normative Entscheidungstheorie) zum Gegenstand hat, ein wesentliches Element der ökonomischen Theorie.

Eine Entscheidungssituation ist immer dann gegeben, wenn der Entscheider mehr als eine Handlungsalternative hat, die sich hinsichtlich ihres Zielerreichungsgrades unterscheiden. Das Wirtschaftssubjekt wird stets die Alternative wählen, die ihm den höheren Nutzen bietet. Allerdings sind nur wenige Entscheidungssituationen dadurch gekennzeichnet, dass eine Handlung mit Bestimmtheit ein gewünschtes Ergebnis erbringt (= Entscheidung unter Sicherheit). Häufig herrscht Ungewissheit dahingehend, inwieweit die Alternative zur Zielerreichung führt (= Entscheidung bei Unsicherheit), denn in welchem Maß eine Handlung zur Zielerreichung führt, hängt zumeist auch von Faktoren ab, die außerhalb des Einflussbereichs des Individuums liegen. Möchte beispielsweise ein Entscheider in kürzester Zeit von Frankfurt a. M. nach Nürnberg kommen, dann hat er die Wahl, mit einem PKW, der Bahn oder dem Flugzeug zu reisen. Welche **Alternative** (A_i) die Beste ist, hängt von der Ausprägung des **Zielwertes** (z_{ij}) ab. Der wird im Wesentlichen vom Verkehrsaufkommen und dem Einhalten der Abfahrt- bzw. der Abflugzeiten und der **Wahrscheinlichkeit** (w_j), mit der diese eintreten, abhängen. Größen, die nicht durch Handlungen des Entscheiders beeinflusst werden können, werden als **Umweltbedingungen** (U_j) bezeichnet. Der Entscheidungsträger hat zumeist die Möglichkeit, sich Informationen hinsichtlich dieser möglichen Umweltzustände zu beschaffen, allein aufgrund der Zukunftsbezogenheit der relevanten Parameter wird es ihm jedoch selten gelingen, die Ausprägung der Variablen sicher vorauszusagen.

1.3.1 Die Entscheidungen bei Sicherheit

Das Wissen um die Ausprägung der entscheidungsrelevanten Parameter kennzeichnet die Entscheidung bei Sicherheit. In der Realität liegt diese Art der Informationen nur selten vor, trotzdem wird in der Mikroökonomie häufig Entscheidungssicherheit angenommen. So setzt die Anwendung mathematischer Verfahren zur Nutzen- oder Gewinnmaximierung die Kenntnis aller relevanten Parameter, ihrer Ausprägungen und Interdependenzen voraus. Diese Informationen finden ihren Ausdruck in den jeweiligen Zielfunktionen und Nebenbedingungen (vgl. Kapitel 2.1.3). Wird jedoch auf die Anwendung der komplexen Gewinn- bzw. Nutzenfunktionen zugunsten weniger aggregierter Ziele verzichtet, führt dies meistens zu mehrdeutigen Ergebnissen (vgl. Beispiel 1.1).

Beispiel 1.1: Zielgrößenmatrix eines Urlaubsreisenden

Für die Auswahl ihres Urlaubsziels erachtet die Urlauberin A die in Tabelle 1.1 zusammengefassten Faktoren als relevant. Die qualitativen Größen bewertet sie anhand einer Punkteskala von 1 bis 10 Punkten, wobei 10 Punkte die beste Bewertung und 1 Punkt die schlechteste Bewertung darstellt (vgl. Tabelle 1.1). Der Urlauberin liegen alle entscheidungsrelevanten Informationen vor. Damit ist sie sicher hinsichtlich ihrer Beurteilung.

Tabelle 1.1: Zielgrößenmatrix der Urlauberin A

Ziel	Reisepreis	Hotelausstattung	Landschaftliche Schönheit	Flugdauer in Std.	Sicherheit
1	10.000	8	8	12	5
2	7.650	6	9	3	8
3	5.000	5	4	4	9
4	6.500	6	6	2	7
5	4.200	4	5	10	5
6	9.100	3	10	25	8

Es zeigt sich, dass kein Reiseziel optimal für die Urlauberin ist. Der Versuch, die Ziele anhand mehrerer eindimensionaler Größen auszuwählen, führt zu keinem eindeutigen Ergebnis, denn je nach Entscheidungsparameter würde eine andere Alternative bevorzugt. Erst wenn die einzelnen Variablen zueinander in Beziehung gesetzt werden, was anhand einer Zielgrößenmatrix bzw. einer Nutzenfunktion geschehen kann, kommt es zu einer eindeutigen Lösung des Problems.

Führt man sich vor Augen, von welcher Zahl von Variablen und deren Ausprägung etwa der Nutzen eines Gutes (z. B. Urlaubsreise) oder die Kostenfunktion eines Unternehmens abhängt, dann wird deutlich, dass selbst bei kurzfristiger Betrachtung die Annahme der vollständigen Information problematisch ist. Diesem Schwachpunkt des Modells der Entscheidungen bei Sicherheit steht aber ein wesentlicher Vorteil gegenüber. Nur wenn Sicherheit hinsichtlich der Variablenausprägungen besteht, kann die beste Handlungsalternative eindeutig (= deterministisch) bestimmt werden.

1.3.2 Die Entscheidungen bei Unsicherheit

Herrscht eine Situation, in der das Ergebnis einer Entscheidung auch von Größen abhängt, deren Ausprägungen zum Entscheidungszeitpunkt noch nicht vollständig bekannt sind, dann müssen die **Entscheidungen bei Unsicherheit** getroffen werden. Das heißt, eine Handlung führt nicht zu einem sicheren Ergebnis, sondern es können sich verschiedene Zielwerte ergeben, je nachdem wie sich die Situation entwickelt, d. h. die Umwelt gestaltet.

Gestützt auf empirische Untersuchungen behauptet *D. Ellesberg*, dass Individuen Entscheidungen bei Unsicherheit verabscheuen. Schließlich laufen sie Gefahr das Umfeld falsch einzuschätzen und deshalb Fehlentscheidungen zu treffen. Ellesberg spricht sich dafür aus, zwei Arten von Unsicherheit gegeneinander abzugrenzen, nämlich das Risiko und die Ungewissheit. Liegen etwa aus der Vergangenheit Erfahrungen hinsichtlich des Entscheidungsgegenstandes vor, dann ist der Einzelne durchaus in der Lage, den verschiedenen möglichen Umweltzuständen subjektive Eintrittswahrscheinlichkeiten zuzuordnen. Man spricht von **Entscheidungen unter Risiko.** In diesem Fall verhält sich der Entscheider rational, wenn es versucht, den Erwartungswert des Ergebnisses zu maximieren. Liegen jedoch keine Informationen über die Eintrittswahrscheinlichkeit der einzelnen Umweltzustände vor, fehlt es also an Wissen, dann ist die **Entscheidung bei Ungewissheit** zu treffen. Das Entscheidungsverhalten, die Strategie des Einzelnen wird dann maßgeblich von seiner Risikopräferenz abhängen.

1.3.2.1 Die Entscheidungen bei Ungewissheit

Es wird davon ausgegangen, der Entscheider sei aufgrund der geringen Informationen nicht in der Lage, den einzelnen möglichen Umweltzuständen

Eintrittswahrscheinlichkeiten zuzuordnen. Es herrscht demnach Ungewissheit. Nach dem auf *P. S. Laplace* zurückgehenden „Prinzip des unzureichenden Grundes" kann kein Umweltzustand als wahrscheinlicher als ein anderer angesehen werden. Entsprechend wird allen möglichen Ergebnissen die gleiche Eintrittswahrscheinlichkeit zugeordnet. Eine Entscheidungssituation bei Ungewissheit lässt sich wie folgt charakterisieren.

Beispiel 1.2: Entscheidungsmatrix bei Ungewissheit

Frau A will ihren Urlaub auf dem gerade entdeckten Planeten XY verbringen. Sie kann zwischen drei Urlaubsalternativen wählen, deren Nutzen jedoch vom Wetter abhängen. Da noch keine Informationen über das Wetter auf dem Planeten XY vorliegen, herrscht diesbezüglich Ungewissheit.

Die Nutzenwerte der einzelnen Alternativen sind in Tabelle 1.2 wiedergegeben. Frau A möchte nun gerne eine Empfehlung, welches der Ziele sie wählen soll. Ihre Freundin B macht sie darauf aufmerksam, dass es leider keine eindeutige Regel gibt, die stets zur optimalen Lösung führt. Vielmehr existieren verschiedene entscheidungstheoretische Ansätze. Welchen Ansatz Frau A wählen wird, hängt von ihrer Risikopräferenz ab.

Tabelle 1.2: Entscheidungssituation bei Ungewissheit

	sonnig (U_1)	wechselhaft (U_2)	regnerisch (U_3)
Strandurlaub (A_1)	10	6	1
Trekkingurlaub (A_2)	6	7	3
Bildungsreise (A_3)	5	6	6

A. Wald schlägt vor, in ungewissen Situationen eine Entscheidung nach der **Maximin-Regel** zu treffen. Danach ist diejenige Handlungsalternative zu wählen, die unter den ungünstigsten Umweltbedingungen das beste Ergebnis ermöglicht. Im schlechtesten Fall ergibt sich bei der Wahl von A_1 ein Nutzen von 1, bei der Wahl von A_2 ein Nutzen von 3 und bei der Wahl von A_3 ein Nutzen von 5. Entsprechend würde die Urlauberin die Alternative 3 wählen, die ihr einen Mindestnutzen von 5 erbringt. Bei genauer Betrachtung zeigt sich, dass die Maximin-Regel eine sehr pessimistische Einstellung ausdrückt, denn die Entscheidung wird allein aufgrund dessen getroffen, was im schlechtesten Fall passieren kann. Die Chance (= bestes Ergebnis), die eine Alternative bietet, bleibt dagegen gänzlich unberücksichtigt.

Eine gänzlich optimistische Sichtweise drückt dagegen die **Maximax-Regel** aus, wonach diejenige Alternative gewählt wird, die im günstigsten Fall das beste Ergebnis erbringt. Im günstigsten Fall ergibt sich für A_1 ein Nutzen von 10, für A_2 ein Nutzen von 7 und für A_3 ein Nutzen von 6. Ist die Urlauberin Optimistin, dann wird sie sich für Alternative 1 entscheiden. Das mit dieser Entscheidung verbundene Risiko lässt sie dann unberücksichtigt und ignoriert gleichfalls, dass sie im ungünstigsten Fall mit ihrer Entscheidung nur einen Nutzen von eins erzielt.

L. Hurwicz entgeht der Gefahr der Polarisierung indem er das Optimismus-Pessimismus-Kriterium entwickelt. Danach findet das jeweils günstigste und das jeweils ungünstigste Ergebnis einer Handlungsalternative Berücksichtigung. Gleichzeitig besteht die Möglichkeit die persönliche Einstellung des Individuums hinsichtlich des Risikos auszudrücken, indem dem günstigsten und dem ungünstigsten Ergebnisses einer Alternative Gewichte zugeordnet werden. Hurwicz schlägt vor, die damit zum Ausdruck gebrachte Risikopräferenz des Entscheiders mittels einer Glücksspielsituation zu ermitteln.

Beispiel 1.3: Entscheidungen nach dem Hurwicz-Kriterium

Von einer optimistischen Reisenden A (E_1) ausgehend, die die Maxima mit 0,7 und die Minima mit 0,3 gewichtet, nehmen die Handlungsmöglichkeiten folgende Werte an:

$A_1 = 0,7 * 10 + 0,3 * 1 = 7,3$

$$A_2 = 0{,}7 * 7 + 0{,}3 * 3 = 5{,}8$$
$$A_3 = 0{,}7 * 6 + 0{,}3 * 5 = 5{,}7$$

Ist Urlauberin A eher optimistisch, dann wählt sie die Handlungsalternative 1. Ist A jedoch eher Pessimistin, dann gewichtet sie die Maximalwerte mit 0,2 und die Minimalwerte mit 0,8. In diesem Fall ergeben sich folgende Werte:

$A_1 = 2{,}8$ $A_2 = 3{,}8$ $A_3 = 5{,}2$

Eine eher pessimistische Reisende A würde nach dem Hurwicz-Kriterium die Alternative 3 wählen.

1.3.2.2 Die Entscheidungen bei Risiko

Ist der Entscheider in der Lage, einzelnen Umweltzuständen subjektive Wahrscheinlichkeiten zuzuordnen, dann wird von Entscheidungen unter Risiko gesprochen. Der Einzelne handelt in diesen Situationen rational, wenn er den Erwartungswert der Zielgröße maximiert. Nach *T. Bayes* ergibt sich der Erwartungswert einer Handlungsalternative (μ_i) als Summe der mit ihren Eintrittswahrscheinlichkeiten (w_j) multiplizierten Zielwerte (z_{ij}). Es gilt:

$$\mu_i = \sum_{j=1}^{n} w_j * z_{ij} \to \max! \quad \text{und} \quad \sum_{i=1}^{n} w_j = 1.$$

Beispiel 1.4: Entscheidungen bei Risiko am Beispiel der Maximierung des Erwartungswertes.

Die Urlauberin B möchte ihre Ferien in Hessen verbringen. Ihr stehen drei Reisealternativen zur Auswahl, deren Nutzen vom Wetter abhängen. Aufgrund der langen Wetterbeobachtungen in Hessen liegen jedoch Informationen über die Eintrittswahrscheinlichkeiten der einzelnen Wetterzustände vor. Die Urlauberin übernimmt die Informationen des Wetterdienstes.

Tabelle 1.3: Entscheidungssituation bei Risiko

	$w_1 = 0,2$ sonnig (U_1)	$w_2 = 0,5$ wechselhaft (U_2)	$w_3 = 0,3$ regnerisch (U_3)
Badeurlaub (A_1)	10	6	1
Trekkingurlaub (A_2)	6	7	3
Bildungsreise (A_3)	6	6	4

Alternative 1: $0{,}20 * 10 + 0{,}5 * 6 + 0{,}3 * 1 = 5{,}3 = \mu_1$
Alternative 2: $0{,}20 * 6 + 0{,}5 * 7 + 0{,}3 * 3 = 5{,}6 = \mu_2$
Alternative 3: $0{,}20 * 6 + 0{,}5 * 6 + 0{,}3 * 4 = 5{,}4 = \mu_3$

Die Urlauberin B wird die Alternative 2 aufgrund des höchsten Erwartungswertes wählen Unter Berücksichtigung der jeweiligen Eintrittswahrscheinlichkeiten und Nutzenwerte stellt sie sich mit dieser Wahl am besten.

Das Erwartungswert-Kriterium berücksichtigt allerdings nicht das Risiko, das mit einer Entscheidung verbunden ist. Eine einfache Möglichkeit, das Risiko zu klassifizieren, ist die Erfassung der Standardabweichung der Zielwerte (σ) einer Handlungsalternative. Die Standardabweichung errechnet sich als:

$$\sigma_i = \sqrt{\sum_{j=1}^{n} w_j * (z_{ij} - \mu_i)^2}$$

Das μ-σ-Prinzip ist ein Entscheidungsprinzip, da es keine Vorgaben dahingehend macht, welche Kombination von Erwartungswert und Standardabweichung der Handelnde zu bevorzugen hat. Die Wahl einer spezifischen µ-σ-Kombination hängt stets von der Risikopräferenz des Einzelnen ab.

Beispiel 1.5: Entscheidungen bei Risiko: Das µ-σ-Prinzip

Für Urlauberin A ergeben sich die in Tabelle 1.4 angegebenen µ-Werte bzw. σ-Werte. Entsprechend der Informationen aus Tabelle 1.3 berechnet sich die Standardabweichung der Alternative 1 wie folgt:

$$\sigma_1 = \sqrt{0{,}2*(10-5{,}3)^2 + 0{,}5*(6-5{,}3)^2 + 0{,}3*(1-5{,}3)^2} = 3{,}195$$

Tabelle 1.4: Das µ-σ-Prinzip

	$w_1 = 0{,}2$ sonnig (U_1)	$w_2 = 0{,}5$ wechselhaft (U_2)	$w_3 = 0{,}3$ regnerisch (U_3)	µ	σ
Badeurlaub (A_1)	10	6	1	5,3	3,195
Trekkingurlaub (A_2)	6	7	3	5,6	1,744
Bildungsreise (A_3)	6	6	4	5,4	0,917

Es wäre falsch, davon auszugehen, dass die Alternative 1 aufgrund ihres relativ niedrigen Erwartungswerts und des mit ihrer Wahl verbundenen relativ großen Risikos keinesfalls für die Urlauberin A in Frage käme. Da die Standardabweichung eine symmetrische Abweichung um den Mittelwert darstellt, bestimmt sie nicht nur die Gefahr, vom Erwartungswert nach unten abzuweichen, sondern sie bemisst auch die Chance, den Erwartungswert nach oben zu überschreiten. Eine sehr risikofreudige (= optimistische) Urlauberin A könnte durchaus Alternative A als beste Wahl erachten.

Wird die Standardabweichung als Risikomaß akzeptiert, was angesichts ihrer Symmetrieeigenschaft nicht unumstritten ist, dann können die nach dem µ-σ-Prinzip entscheidenden Wirtschaftssubjekte anhand ihrer Einstellung zum Risiko in drei Gruppen geteilt werden. Ein Individuum gilt als **risikofreudig**, wenn es zwischen zwei Handlungsalternativen mit dem gleichen Erwartungswert diejenige mit der höheren Standardabweichung bevorzugt, weil es die Chance eines Überschreitens des Zielwertes höher bewertet als das Risiko eines Unterschreitens. Entsprechend wird eine **risikoaverse** Person die Alternative mit der niedrigeren Standardabweichung präferieren. Ein Wirtschaftssubjekt gilt als **risikoneutral**, wenn es indifferent zwischen zwei Handlungsalternativen mit gleichem Erwartungswert und unterschiedlichen Standardabweichungen ist. Bei strikter Anwendung des µ-σ-Prinzips kann es immer dann zu Fehlentscheidungen kommen, wenn sich aufgrund der formalen Eigenschaften der Standardabweichung eine Veränderung der Risikostrukturen nicht adäquat abbilden lässt. Da dies jedoch in der Praxis nur selten geschieht, bleibt das µ-σ-Prinzip ein wesentliches Instrument der Entscheidungsfindung.

Eine Möglichkeit, die individuelle Einstellung der Wirtschaftssubjekte zum Risiko zu berücksichtigen, entwickelte ***D. Bernoulli***. Die Präferenzstruktur des Individuums wird durch eine so genannte Risiko-Nutzen-Funktion abgebildet, wobei die Nutzenfunktion anhand einfacher Entscheidungssituationen entwickelt werden kann. Jedem möglichen Ergebnis einer Handlungsalternative wird dann der entsprechende Nutzenwert zugeordnet. Nach dieser Transformation ergibt sich der Nutzenerwartungswert einer Handlungsalternative durch Addition der mit ihren Eintrittswahrscheinlichkeiten multiplizierten Nutzenwerte. Es wird diejenige Handlungsalternative mit dem höchsten Nutzenerwartungswert gewählt.

1.3.3 Die Implikationen der Spieltheorie

Im Folgenden sollen nur einige grundsätzliche Überlegungen der stark mathematisch geprägten Spieltheorie dargestellt werden. Rationales Verhalten der Entscheider ist Voraussetzung für die Anwendung der spieltheoretischen Überlegungen. Während die Entscheidungstheorie auf den Entscheidungen einer Person basieren, die durch ihre Entscheidung die Umwelt nicht beeinflusst, setzt sich die **Spieltheorie** mit **interdependenten Entscheidungssituationen** auseinander. Die grundlegenden spieltheoretischen Überlegungen gehen im Wesentlichen auf die Arbeiten von *J. v. Neumann* und *O. Morgenstern* zurück. Durch die Verleihung des Nobelpreises für Wirtschaftswissenschaften an drei Spieltheoretiker 1994, darunter dem ersten deutschen Ökonomienobelpreisträger *R. Selten*, erlangte die Spieltheorie ein hohes Maß an Popularität. Dies lässt sich vor allem damit erklären, dass Situationen, die Gegenstand der Spieltheorie sind, häufig in der Realität vorkommen. Die Spieltheorie setzt sich mit interdependenten Entscheidungen auseinander. Dies sind Situationen in der die Entscheidung einer Person von der Entscheidung einer oder mehrerer anderer Personen abhängt. So ist beispielsweise für die Entwicklung einer optimalen (= gewinnmaximalen) Marketingstrategie eines oligopolistischen Unternehmens die Kenntnis der Aktivitäten der Wettbewerber und deren Berücksichtigung in den eigenen Entscheidungen zwingend notwendig. Auch bei Tarifverhandlungen hängt die Strategie der einen Verhandlungsseite von der gewählten Strategie der anderen Seite ab.

Allerdings besteht auch in interdependenten Entscheidungssituationen die Möglichkeit, dass es eine Entscheidungsalternative gibt, die stets, also unabhängig von der Wahl des anderen, den eigenen Nutzen maximiert. Eine solche Alternative wird als **dominante Strategie** bezeichnet.

Beispiel 1.6: Dominante Strategien

> Die oligopolistische Unternehmerin A muss entscheiden, ob sie Erweiterungsinvestitionen vornehmen soll. Hinsichtlich des Investitionsverhaltens des einzigen Wettbewerbers G liegen ihr keine Informationen vor. G ist bekannt, dass A Überlegungen hinsichtlich weiterer Investitionen anstellt und hat von einer Stabsabteilung untersuchen lassen, welche Implikationen sich für sein Unternehmen ergeben. In Tabelle 1.5 sind die erwarteten Gewinne der beiden Unternehmen dargestellt, wobei sich der erste Wert auf das Unternehmen A und der zweite Wert auf das Unternehmen G bezieht.

Tabelle 1.5: Gewinnmatrix

		G investiert	G investiert nicht
A	investiert	200 | 100	300 | 125
	investiert nicht	50 | 150	100 | 200

Es zeigt sich, dass der Unternehmerin A ein Gewinn von 200 GE zufließt, wenn sie und G gleichzeitig investieren. Ihr Gewinn beträgt 300 GE, wenn sie, nicht aber G investiert. Ihr Gesamtgewinn geht mit einer Investition von G zurück. Sollte nicht sie, aber G investieren, kann sie nur einen Gewinn von 50 GE erzielen. Investieren beide nicht, dann beträgt der erwartete Gewinn für A 100 GE. Es zeigt sich, dass A immer dann einen höheren Gewinn macht, wenn sie investiert, unabhängig davon, was G unternimmt. Entsprechend ist die Investition für A eine dominante Strategie. Auch für G existiert eine dominante Strategie, die darin besteht, nicht zu investieren.

Situationen, in denen sich eine Strategie als dominant erweist, sind in der Realität jedoch nur selten zu finden. Insofern relativiert sich häufig die Optimalität einer Entscheidung dahingehend, dass ein Individuum die beste Strategie als Antwort auf eine optimale Entscheidung eines anderen wählt. Eine Konstellation, in der kein Entscheider seinen Nutzen durch ein anderes Verhalten steigern kann, wird als **Nash-Gleichgewicht** bezeichnet. Beispiel 1.7 verdeutlicht den Zusammenhang für eine **reine Strategie**, d. h. für den Fall, dass die Handelnden eine Strategie mit Sicherheit (Wahrscheinlichkeit beträgt 100 %) wählen.

Beispiel 1.7: Nash-Gleichgewicht in reinen Strategien

Unternehmerin A steht vor der Entscheidung, den Markt in Bulgarien zu erschließen. Sie kann den Markt entweder über eine eigene Niederlassung, über Handelsvertreter oder über einen Generalimporteur erschließen. Unternehmerin B stellt ähnliche Überlegungen an. Die Entscheidung der einen hinsichtlich ihrer Erschließungsstrategie wird auch Auswirkungen auf die Gewinnsituation der anderen haben. Die aus den jeweiligen

Entscheidungen resultierenden Erträge sind in Tabelle 1.6 zusammengefasst.

Tabelle 1.6: Nash-Gleichgewicht

		B		
		Niederlassung	Handelsvertreter	Generalimporteur
A	Niederlassung	40 | 40	80 | 10	20 | 30
	Handelsvertreter	10 | 30	20 | 20	40 | 50
	Generalimporteur	50 | 70	40 | 50	30 | 30

Entscheidet sich Unternehmerin A dahingehend, den bulgarischen Markt durch eine eigene Niederlassung zu erschließen, dann eröffnet B am besten auch eine eigene Niederlassung, denn sie kann in diesem Fall einen maximalen Gewinn von 40 Mio. erzielen. Entscheidet sich A für den Einsatz von Handelsvertreter, dann wird sich B für den Generalimporteur entscheiden. Sollte A einen Vertrag mit einem Generalimporteur abschließen, dann wird B aber lieber eine eigene Niederlassung eröffnen um ihren Gewinn zu maximieren. B wird also unterschiedliche Strategien wählen, je nach dem für welches Vorgehen A sich entscheidet. Sie kann also nicht auf eine dominante Strategie zurückgreifen. Ähnlich wird A auf B unterschiedlich reagieren. Entscheidet B sich für eine Niederlassung, dann wird A darauf mit einem Generalimporteur kooperieren. Sollte B sich für Handelsvertreter entscheiden, dann wird A eine Niederlassung eröffnen und ihren maximalen Gewinn von 80 erzielen. Arbeitet B mit einem Generalimporteur zusammen, reagiert A mit dem Einsatz von Handelsvertretern. Es zeigt sich, dass auch A über keine dominante Strategie verfügt.

Fraglich ist nun, für welches Vorgehen sich die beiden Konkurrentinnen entscheiden. Wenn A den maximalen Gewinn von 80 erzielen will, dann eröffnet sie eine Niederlassung. In diesem Fall stellt sich B am besten, wenn sie gleichfalls eine Niederlassung gründet. Falls aber B eine Niederlassung gründet, dann ist es für A am besten den Markt über einen Generalimporteur zu erschießen, denn sie erzielt dann einen Gewinn von 50. Wenn A aber einen Generalimporteur einsetzt, dann ist es für B gewinnmaximal, wenn sie eine Niederlassung gründet. In diesem Fall lohnt es sich für keine der Unternehmerinnen von der gewählten Strategie abzuweichen. Es besteht ein eindeutiges Nash-Gleichgewicht, wobei B ihren maximalen Gewinn realisieren kann.

Innerhalb einer Entscheidungssituation können durchaus mehrere Nash-Gleichgewichte auftreten, bei denen sich der eine oder der andere besser stellen kann. Welche Strategie in einem solchen Fall realisiert wird, kann nicht vorausgesagt werden, da nicht eindeutig bestimmt werden kann, welcher Entscheider bzw. welche Verhaltensweise sich durchsetzen wird.

Es ist jedoch keinesfalls zwingend, dass in einer interdependenten Entscheidungssituation beim Befolgen einer **reinen Strategie** ein Nash-Gleichgewicht auftreten muss. In Beispiel 1.8 ist eine Situation gegeben, bei der es beim Befolgen einer reinen Strategie zu keinem Nash-Gleichgewicht kommt.

Beispiel 1.8: Kein Nash-Gleichgewicht in reinen Strategien

Die Unternehmerin A verhandelt mit der Unternehmerin G hinsichtlich einer Kooperation im Forschungs- und Entwicklungsbereich. Es besteht die Möglichkeit, die eigenen Aktivitäten zweier Forschungsgebiete in ein gemeinsames Unternehmen einzubringen. Dabei ist fraglich, ob die Unternehmen beide Bereiche oder nur einen Bereich zusammenführen sollen. Die aus der Kooperation resultierenden Kostenvorteile sind in Tabelle 1.7 dargestellt.

Es zeigt sich, wenn Unternehmerin A nur den Bereich 1 in das gemeinsame Unternehmen einbringt, dass dann Unternehmerin

G ihre beiden Bereiche beisteuern werden wird, da ihr in diesem Fall ein Kostenvorteil von 450 entsteht.

Tabelle 1.7: Kein Nash-Gleichgewicht in reinen Situationen

		G	
		nur Bereich 1	beide Bereiche
A	nur Bereich 1	250 | 50	150 | 450
	beide Bereiche	50 | 300	200 | 100

Wenn allerdings Unternehmerin G ihre beiden Bereiche einbringt, wird Unternehmerin A auch beide Bereiche berücksichtigen wollen, da sie in diesem Fall Kostenvorteile von 200 hat. Dies ist deutlich mehr als die 150, die sie sparen kann, wenn sie nur einen Bereich einbringt. Sollte A jedoch beide Bereiche bereitstellen, dann ist es für G angesichts eines Kostensenkungspotentials von 300 vorteilhafter, nur einen Bereich zu integrieren.

Ein stabiles Gleichgewicht stellt sich in dieser Situation nicht ein, denn für beide Parteien besteht ein Anreiz, von der durch den anderen antizipierten Strategie abzuweichen.

Kommt es in der Realität zu einer solchen Konstellation, dann ist es das Beste, keine Strategie mit Sicherheit zu wählen. Die Strategien sollten in diesem Fall zufällig gewählt werden, sie sollten gemischt sein. Von **einer gemischten Strategie** wird gesprochen, wenn jeder konkreten Strategie eine Wahrscheinlichkeit größer als 0 und kleiner als 1 zugeordnet werden kann. Da insgesamt der Entscheider letztlich aber stets eine Strategie umsetzen muss, addieren sich die Eintrittswahrscheinlichkeiten der einzelnen Alternativen zu 1 (= 100 %).

Für den einzelnen Entscheider stellt sich somit die Frage, welches „Mischungsverhältnis" zwischen seinen Alternativen bestehen muss, damit er nutzenmaximal agieren kann. Da ein Entscheider zwischen zwei oder mehreren Handlungsalternativen nur dann indifferent ist, wenn sie ihm den gleichen Nutzen stiften, lassen sich die implizierten Wahrscheinlichkeiten für die einzelnen Strategien leicht ermitteln.

Beispiel 1.9: Gemischte Strategien

Ausgehend von der zuvor beschriebenen Entscheidungssituation sollen nun die Wahrscheinlichkeiten ermittelt werden, die zu einem Gleichgewicht führen.

Entscheiderin A ist wohl nur dann zwischen ihren Strategien indifferent, wenn sie ihr den gleichen zu erwarteten Kostenvorteil bringen. Welchen Nutzen ihr die einzelne Handlung bringt, hängt auch vom Verhalten der G ab, insbesondere von der Wahrscheinlichkeit mit der sie ihre Strategien wählt. Der Zusammenhang lässt sich sie folgt beschreiben:

$$250 * w_{G1} + 150 * w_{G2} = 50 * w_{G1} + 200 * w_{G2}.$$

w_{Gi} entspricht der Wahrscheinlichkeit, mit der G die Strategie i wählt, mit i = 1,2,3....n.

Da sich die Wahrscheinlichkeiten der einzelnen Strategien der G definitionsgemäß zu eins addieren, lässt sich der Zusammenhang zusammenfassen. Es gilt:

$$250 * w_{G1} + 150 * (1 - w_{G1}) = 50 * w_{G1} + 200 * (1 - w_{G1}).$$

Durch Auflösen der Gleichung ergeben sich die einzelnen Eintrittswahrscheinlichkeiten:

$$w_{G1} = 0,2 \text{ und } w_{G2} = 0,8.$$

Nur wenn Unternehmerin G Bereich 1 mit einer Wahrscheinlichkeit von 0,2 und beide Bereiche mit einer Wahrscheinlichkeit von 0,8 einbringen würde, ist der Kostenvorteil für Unternehmerin A mit 170 GE gleich hoch. Würde G die Alternative 1 mit einer Wahrscheinlichkeit von 0,3 und die Alternative 2 mit einer Wahrscheinlichkeit von 0,7 wählen, dann ergäben sich für A folgende Kostenvorteile durch die Wahl der einzelnen Strategien:

Strategie 1 (nur Bereich 1) = $250 * 0{,}3 + 150 * 0{,}7 = 180$
Strategie 2 (beide Bereiche) = $50 * 0{,}3 + 200 * 0{,}7 = 155$

Unternehmerin A würde deshalb mit Sicherheit die Strategie 1 wählen. Analog ist Unternehmerin G nur dann indifferent zwischen ihren Strategien, wenn die Wahrscheinlichkeiten für die einzelnen Strategien der A folgende Werte annehmen:

$$50 * w_{A1} + 300 * (1 - w_{A1}) = 450 * w_{A1} + 100 * (1 - w_{A1}).$$

Es ergeben sich die Eintrittswahrscheinlichkeiten:

$w_{A1} = 0{,}33\overline{3}$ und $w_{A2} = 0{,}66\overline{6}$.

Ein Nash-Gleichgewicht stellt sich immer dann ein, wenn die Entscheider ihre Strategien mit den berechneten Wahrscheinlichkeiten treffen. Weichen sie von diesem Verhaltensmuster ab, dann lohnt es sich für den anderen, sich auf eine konkrete Strategie festzulegen.

In letzter Konsequenz heißt dies, dass Unternehmerin A und Unternehmerin G ihre unternehmerischen Entscheidungen zufällig treffen sollten, eine doch recht unbefriedigende Vorstellung vom Problemlösungsverhalten wirtschaftlich handelnder Menschen. Zur Ehrenrettung der Entscheider muss allerdings angeführt werden, dass sich häufig Gleichgewichte in reinen Strategien nur deshalb nicht einstellen, weil die Entscheidungssituation nicht genau genug abgebildet werden kann. Der Abbildung realer Situationen in spieltheoretische Konstellationen sind oft aufgrund der Komplexität der Wirklichkeit Grenzen gesetzt, so dass die Anwendung des Konzepts gemischter Strategien nur eine Annäherung an die tatsächlichen Entscheidungssituationen darstellt.

Grundlage der bisherigen Darstellung war das rationale Verhalten der Entscheider. Im Folgenden soll nun zwischen individueller und kollektiver Rationalität unterschieden werden. **Individuelle Rationalität** ist dadurch gekennzeichnet, dass ein rationales Wirtschaftssubjekt nur sein eigenes Wohl im Auge hat. Konsequenterweise wird ein solcher Entscheider sein Verhalten nicht mit anderen Entscheidern absprechen und seinen individuellen Nutzen ohne Rücksicht auf andere maximieren. **Kollektive Rationalität** ist dann gegeben, wenn es keine andere Entscheidung gibt, bei der sich ein Individuum verbessern könnte, ohne dass sich ein anderes Individuum verschlechtern würde. Ein solcher Zustand wird als **Pareto-Optimum** bezeichnet.

Abschließend soll gezeigt werden, dass ein Nash-Gleichgewicht nicht zwangsläufig zu einem pareto-effizienten Ergebnis führt. Das nachfolgende Beispiel ist als **Gefangenen-Dilemma** in die Spieltheorie eingegangen, denn das ursprüngliche Spiel handelte von zwei Gefangenen, die eines gemeinsamen Verbrechens angeklagt, in getrennten Räumen verhört und in Abhängigkeit ihrer Kooperationsbereitschaft mit unterschiedlichen Konsequenzen zu rechnen hatten. In Beispiel 1.10 wird die Problematik anhand einer makroökonomischen Fragestellung erläutert.

Beispiel 1.10: Das Gefangenen-Dilemma

> Die Länder A und B sind Anrainer eines großen Binnensees. Aufgrund der hohen Stickstoffbelastung durch massiven Düngemitteleinsatz droht ein großes Fischsterben. Dies hätte negative Konsequenzen für den Fischfang in beiden Ländern. Aber auch die Reduzierung des Stickstoffs bringt negative Konsequenzen, denn die landwirtschaftlichen Erträge sinken dann. Bei einem Treffen der Regierungschefs soll das weitere Vorgehen abgestimmt werden, das darin bestehen muss, den Stickstoffeinsatz zu beschränken. Biologische Untersuchungen haben gezeigt, dass es für das Abwenden eines Fischsterbens genügen würde, wenn nur eines der beiden Länder den Düngemitteleinsatz reduziert. Die Nutzenwerte der einzelnen Handlungsalternativen wurden von den Beraterstäben ermittelt. Es ergeben sich die in Tabelle 1.8 dargestellten Werte.

Tabelle 1.8: Gefangenen-Dilemma

		B reduziert	reduziert nicht
A	reduziert	200 | 200	– 200 | 300
	reduziert nicht	300 | – 150	– 100 | – 100

Würden beide Regierungschefs sich entschließen, den Stickstoffeinsatz zu reduzieren, dann könnten beide einen Nutzen von 200 erreichen. Da es keine Konstellation gibt, bei der sich einer der Länder besser stellen könnte, ohne dass sich das andere schlechter stellen würde, handelt es sich um eine paretooptimale Konstellation. Allerdings wird sich diese Entscheidung nicht durchsetzen, wenn beide Entscheider nur individuell rational handeln. Sollte sich Regierungschef A für eine Reduktion entscheiden, dann könnte sich Land B besser stellen, wenn es nicht reduziert, denn sein Nutzenwert steigt von 200 auf 300. Sollte sich Land A gegen die Reduktion entscheiden, dann wäre es auch für Land B besser nicht zu reduzieren, da sein Nutzenwert von –150 auf –100 steigt. Ein individuell rational handelnder Regierungschef B wird sich deshalb stets gegen die Reduzierung aussprechen. Das Gleiche lässt sich auch für Regierungschef A sagen. Die Konsequenz ist eine für beide Seiten suboptimale Entscheidung.

Gefangenen-Dilemma-Konstellationen treten im ökonomischen Bereich öfter auf. Es ist also zu erwarten, dass rationales Verhalten durchaus zu suboptimalen Ergebnissen führen kann. Das diese ineffizienten Ergebnisse jedoch relativ selten auftreten ist darauf zurückzuführen, dass die einzelnen Spieler häufiger aufeinander und immer wieder miteinander kooperieren müssen. Dieses Zusammentreffen gilt nicht nur für Politiker, sondern u. a. auch für Unternehmen in oligopolistischen Märkten. Tatsächlich werden Entscheider, die vermutlich häufiger aufeinander zu treffen, berücksichtigen, wie ihr aktuelles Verhalten das zukünftige Verhalten der anderen Entscheider beeinflussen wird. Sie werden deshalb Strategien entwickeln, die die Interdependenz der einzelnen Spiele berücksichtigen. Eine experimentelle Untersuchung von *R. Axelrod* verdeutlichte, dass eine kooperative

Strategie im Hinblick auf Gefangenen-Dilemma-Konstellationen erfolgreich (= nutzenmaximal) ist. Von **A. Rapoport** wurde die siegreiche „Wie du mir, so ich dir"-Strategie entwickelt. Demnach erweist es sich als günstig, zunächst mit dem Partner zu kooperieren. Anschließend kooperiert der Entscheider immer dann, wenn der Partner in der vorhergehenden Verhandlung kooperiert hat, d. h. man kopiert das Verhalten eines Partners. Der Erfolg der Strategie beruht darin, dass sie Kooperationen fördert und gleichzeitig verhindert, ausgenutzt zu werden. Die gleiche empirische Untersuchung verdeutlichte auch, dass es besser ist, einfache Strategien zu spielen, da sie vom Partner leichter durchschaut werden können. Dieser verhält sich dann kooperativer, wenn er nicht befürchtet, ausgenutzt zu werden. Auch erwiesen sich Strategien, die auf einem nachtragenden Verhalten oder Missgunst basieren als weniger erfolgreich.

Trotz der Überlegenheit der „Wie du mir, so ich dir"-Strategie kann deren Anwendung in der Praxis auch zu unbefriedigenden Ergebnissen führen. Dies wird immer dann der Fall sein, wenn es zu Missverständnissen zwischen den Spielern kommt. Das Problem ist, dass jeder Fehler zu einem Echo führt und jeder Spieler den anderen für den Bruch der Kooperation bestraft. Die Situation würde endlos andauern. Erst wenn es zu einem weiteren Missverständnis kommt, könnte es wieder zur Kooperation kommen.

Übungsaufgaben zum 1. Kapitel

Aufgabe 1.1:
Welches Verhalten wird für die Haushalte in der Mikroökonomie unterstellt und welche Vor- bzw. Nachteile bringt diese Annahme mit sich?

Aufgabe 1.2:
Beschreiben Sie die Entscheidungssituation bei Ungewissheit und nennen Sie drei praktische Beispiele für diese Entscheidungssituation.

Aufgabe 1.3:
Frau X lebt im Land „DBR" in dem die Studienplätze nach dem Zufallsprinzip verteilt werden. Sie möchte mit der Wahl ihres Studiums ihren Nutzen maximieren. In der nachfolgenden Tabelle sind die Nutzenwerte der einzelnen Studienrichtungen in Abhängigkeit vom Studienort angegeben.

	Frankburg (U_1)	Hamberg (U_2)	Heidelfurt (U_3)
Betriebswirtschaftslehre (A_1)	6	3	7
Rechtswissenschaften (A_2)	4	4	4
Volkswirtschaftslehre (A_3)	8	2	6

Unterstützen Sie Frau A bei ihrer Entscheidung. Welche Studienrichtung würden Sie nach der Maximin-Regel, der Maximax-Regel oder dem Hurwicz-Kriterium empfehlen?

Aufgabe 1.4:
Frau X hat einen Studienplatz für Volkswirtschaftslehre in Frankburg erhalten. Sie möchte für ihre neuen Freunden kochen. Der Nutzen des Abends hängt jedoch davon ab, ob das Essen gelingt. Aus Erfahrung sind ihr die Wahrscheinlichkeiten für die Qualität der Gerichte bekannt.

	$w_1 = 0,25$ gelingt gut (U_1)	$w_2 = 0,55$ geht so (U_2)	$w_3 = 0,20$ gelingt nicht (U_3)
Chilli con carne (A_1)	4	4	4
Osso Buco (A_2)	10	4	0
Cordon bleu (A_3)	6	5	3

Für welches Gericht soll sie sich entscheiden? Welches Risiko geht sie mit der Wahl der einzelnen Gerichte ein?

Aufgabe 1.5:
Die Unternehmen A und B befinden sich in einem oligopolistischen Wettbewerb. Sie stehen vor der Entscheidung, welchen Preis sie für ihre Produkte verlangen. Die Gewinne der einzelnen Handlungsalternativen sind nachfolgend angegeben. Ermitteln Sie das Nash-Gleichgewicht.

	B_1: niedriger Preis	B_2: mittlerer Preis	B_3: hoher Preis
A_1: niedriger Preis	110/100	60/60	20/20
A_2: mittlerer Preis	130/10	50/50	40/40
A_3: hoher Preis	30/50	70/90	60/60

Aufgabe 1.6:
Die Unternehmen A und B befinden sich im Wettbewerb. Sie stehen vor der Entscheidung, ihre Kapazitäten neu zu planen. Mit welcher Wahrscheinlichkeit müssen die einzelnen Alternativen gewählt werden, damit es zu einem Gleichgewicht kommt. Die Gewinne der einzelnen Handlungsalternativen sind nachfolgend angegeben.

	B_1: niedrige Kapazität	B_2: hohe Kapazität
A_1: niedrige Kapazität	90/230	130/70
A_2: hohe Kapazität	140/30	30/190

Aufgabe 1.7:
Welches Problem führt zu einer Gefangenen-Dilemma-Situation?

2. Haushaltstheorie

Die Konsumnachfrage der privaten Haushalte (= kleinste Entscheidungseinheit) stellt die wesentlichste Nachfragekomponente in den Volkswirtschaften dar. Die Erklärung des Verhaltens der Haushalte ist deshalb fundamental für das Verständnis wirtschaftlicher Zusammenhänge. Angesichts der Individualität der Menschen und ihrer Präferenzen führt der Anspruch der Theorie, das Verhalten möglichst vieler Individuen zu erklären, zu einer Vereinfachung der entscheidungsrelevanten Merkmale. Der gemeinsame Nenner aller Menschen dürfte das Streben nach der Maximierung des eigenen Nutzens sein. Deshalb geht die Haushaltstheorie von rational handelnden nutzenmaximierenden Wirtschaftssubjekten aus. Da die privaten Haushalte in einer Doppelfunktion am Wirtschaftsgeschehen teilnehmen, nämlich einerseits als Nachfrager nach Gütern und andererseits als Anbieter von Ressourcen (Arbeitskraft, Kapital), muss eine Theorie, die das ökonomische Verhalten der Haushalte erklären will, Antworten auf zwei Fragen finden:

- Wie soll der Haushalt seine Ressourcen zum Einkommenserwerb einsetzen (Arbeits- bzw. Kapitalangebot)?
- Wie soll das Haushaltseinkommen verwendet werden (Güternachfrage)?

Im Folgenden wird dargestellt, wie der Haushalt angesichts der bestehenden Diskrepanz zwischen unbegrenzten Konsumwünschen einerseits und knappen Mitteln zur Befriedigung dieser Wünsche andererseits seine Entscheidungen trifft.

2.1 Die Nutzenfunktion und subjektive Konsumpräferenzen

Der Konsument sieht sich einer Vielzahl von Gütern gegenüber. Allein im der Preiserfassung dienenden Warenkorb des Statistischen Bundesamtes sind über 700 Güter enthalten. Der Haushalt muss entscheiden, welche dieser Güter in welcher Menge er nachfragen möchte. Keine leichte Aufgabe angesichts der Vielfalt der Möglichkeiten und der bestehenden Interdependenzen. Vereinfachend können die Entscheidungsmuster jedoch anhand von zwei Gütern (Gut 1 und Gut 2) dargestellt werden. In diesem Fall kann eine **spezielle Gütermengenkombination** $X^{(j)}$ durch die nachgefragten Mengen der Güter 1 und 2 beschrieben werden. Es ergibt sich der allgemeine Zusammenhang:

$$X^{(i)} = \sum_{i=1}^{n} x_i \quad \text{mit } x = 1,2,3,...,n.$$

Dabei kann die Verbrauchsmenge jede beliebige nicht negative reelle Zahl annehmen, das heißt es wird die Teilbarkeit der Güter unterstellt. Wenn x den Wert Null annimmt, dann wird das entsprechende Gut nicht nachgefragt wird. Obwohl die Darstellung der grundsätzlichen Zusammenhänge anhand von nur zwei Gütern stark vereinfacht, lassen sich die Erkenntnisse problemlos auf den n-Güter-Fall übertragen.

Wenn der Haushalt zwischen zwei Güter und deren jeweiligen Mengen entscheiden kann, dann stehen ihm eine unendlich große Anzahl von Kombinationen der Gütermengen 1 und 2 zur Wahl. Einige der möglichen Kombinationen sind nachfolgend in einem Konsummengendiagramm dargestellt (vgl. Abbildung 2.1).

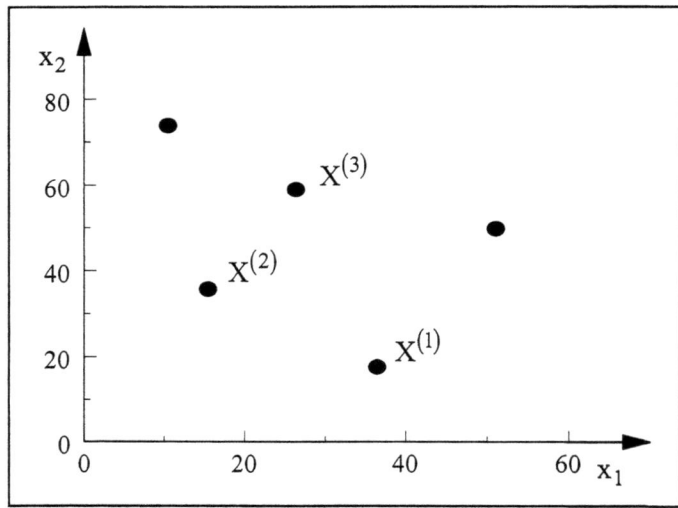

Abb. 2.1: Gütermengendiagramm

Welchen Wert die einzelnen Gütermengenkombinationen für den Haushalt haben, lässt sich allerdings anhand der rein mengenmäßigen Betrachtung nicht zwangsläufig erkennen. Zwar wird der Haushalt $X^{(3)}$ stets der Mengenkombination $X^{(2)}$ vorziehen, da in $X^{(3)}$ mehr von Gut 1 und mehr von Gut 2 enthalten ist als in $X^{(2)}$. Welche der beiden Kombination $X^{(1)}$ oder $X^{(2)}$ der Haushalt als nützlicher bewertet, ist fraglich und hängt von seinen Präferenzen ab, da Kombination $X^{(1)}$ zwar mehr Gut 1 aber weniger Gut 2 als $X^{(2)}$ enthält. Allgemein ist der Nutzen eines Gutes umso höher, je begehrter und knapper das Gut ist und je besser es der Bedürfnisbefriedigung dient. Dabei ist zu berücksichtigen, dass die Beurteilung der Stärke der Bedürfnisbefriedigung eines Gutes individuell unterschiedlich ausfällt. Die Bewertung der Güter hinsichtlich ihrer Möglichkeit die Bedürfnisse des Entscheiders zu befriedigen, findet ihren formalen Ausdruck in der **Nutzenfunktion**. Die Nutzenfunktion bringt die subjektiven Präferenzen des Haushaltes zum Ausdruck, sie ist das Spielbild seiner Person. Aufgrund dieser Individualität sind Nutzenvergleiche zwischen verschiedenen Personen grundsätzlich nicht möglich. Wenn im folgenden Nutzenvergleiche angestellt werden, dann sind sie stets auf eine Person bezogen. Diese interpersonelle Vergleiche bringen die subjektive Sicht des Haushaltes hinsichtlich des Nutzens verschiedener Güter zum Ausdruck.

2.1.1 Die kardinale und die ordinale Nutzentheorie

Hinsichtlich der Fähigkeit der Entscheider, den Nutzen, den ihm ein Gut stiftet, tatsächlich zu bestimmen, besteht keine Einigkeit in der Theorie. Die Vertreter der älteren Nutzentheorie (***H. H. Gossen, S. Jevons, A. Marshall*** u. a.) gehen davon aus, dass der Haushalt in der Lage ist, den einzelnen Gütern eine genauen Nutzen zuzuordnen (etwa: 1000 g Brot = 40 Nutzeneinheiten, 500 g Butter = 60 Nutzeneinheiten usw.). Die Bewertung des Nutzens kann entsprechend anhand einer Kardinalskala erfolgen, deshalb wird von der **kardinale Nutzentheorie** gesprochen. Die Fähigkeit, bewusst oder unbewusst, stimmten Gütermengen einen bestimmten Nutzen zu zuordnen, wurde insbesondere von *V. Pareto* angezweifelt. Seine Überlegungen führten zur **ordinalen Nutzentheorie**, die beim Entscheider eine geringere Differenziertheit voraussetzt. Der ordinale Ansatz setzt lediglich voraus, dass der Einzelne in der Lage ist die Gütermengenkombinationen entsprechend dem Nutzen den sie stiften, in eine hierarchische Reihenfolge zu bringen. In die theoretische Auseinandersetzung über die Fähigkeit der Menschen, den Nutzen von Gütern zu quantifizieren, greifen die Methoden der Konsumentenforschung ein. Inzwischen wird in der Produktentwicklung bzw. Produktverbesserung mit gutem Erfolg das statistische Verfahren der Conjoint Analyse eingesetzt. Die so gewonnen Erfahrungen lassen die Schlussfolgerung zu, dass die Fähigkeit der Entscheider, Produktnutzen bzw. den Nutzen, den einzelne Produktelemente stiften, zu bestimmen, weit entwickelt ist. Im Folgenden wird auf die bestehenden Unterschiede zwischen kardinaler und ordinaler Nutzentheorie nur dann eingegangen, wenn sie zu unterschiedlichen mikroökonomischen Konsequenzen führen.

2.1.2 Die Nutzenfunktionen und Indifferenzkurven

Die Nutzenfunktion eines Haushaltes ordnet nicht-negativen Gütermengenkombinationen nicht-negativen Nutzenwerte zu. Folgende Annahmen werden gemacht:

- Die Steigung der Nutzenfunktion ist überall positiv. In diesem Falle wird der Haushalt immer die Mengenkombination vorziehen, die bei gleicher Menge des einen Gutes mehr vom anderen Gut enthält. Es wird also eine Nichtsättigung unterstellt, was jedoch nicht uneingeschränkt plausibel ist.
- Die Nutzenfunktion ist stetig und differenzierbar.
- Die Indifferenzkurven verlaufen konvex zum Ursprung.
- Die Güter sind vollständig teilbar.

Formal kann eine Nutzenfunktion darstellen als:

$$U = f(x_1, x_2, x_3, ..., x_n).$$

Somit kann jeder konkreten Gütermengenkombination ein spezieller Nutzenwert (U) zugeordnet werden. Die graphische Darstellung der Nutzenfunktion (vgl. Abbildung 2.2) in einem dreidimensionalen Diagramm zeigt ein **Nutzengebirge**, dessen Höhe dem erzielten Nutzen entspricht, der sich aus der Gütermengenkombination ergibt.

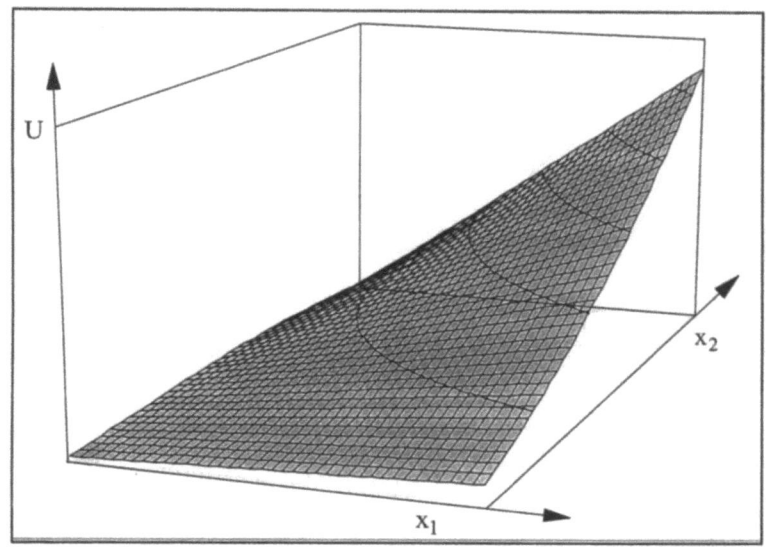

Abbildung 2.2: Das Nutzengebirge

Die Abbildung verdeutlicht, dass der Haushalt ein bestimmtes Nutzenniveau durch unterschiedliche Gütermengenkombinationen erreichen kann. Werden die Mengenkombinationen zweier Güter, die für den Entscheider den gleichen Nutzenwert haben graphisch dargestellt, dann ergibt sich die **Indifferenzkurve**. Sie ist der geometrische Ort aller $x_1 x_2$-Kombinationen, die den gleichen Haushaltsnutzen repräsentieren. Der Haushalt bevorzugt keine der Kombinationen entlang einer Indifferenzkurve, da sie ihm den gleichen Nutzen stiften. Die Indifferenzkurve entspricht einem horizontalen Schnitt durch das Nutzengebirge. Da jeder konkreten Mengenkombination ein bestimmter Nutzen eindeutig zugeordnet werden kann, können sich Indifferenzkurven niemals schneiden. Der Kurvenverlauf wird von der Beziehung der beiden Güter zueinander geprägt. Eine Indifferenzkurve, die weiter vom Koordinatenursprung entfernt liegt, enthält größere Mengen der Güter, deshalb ist ihr Nutzenniveau höher als das einer tiefer liegenden Indifferenzkurve. Aus diesem Grund wird der Haushalt eine höhere stets einer niedrigeren Indifferenzkurve vorziehen.

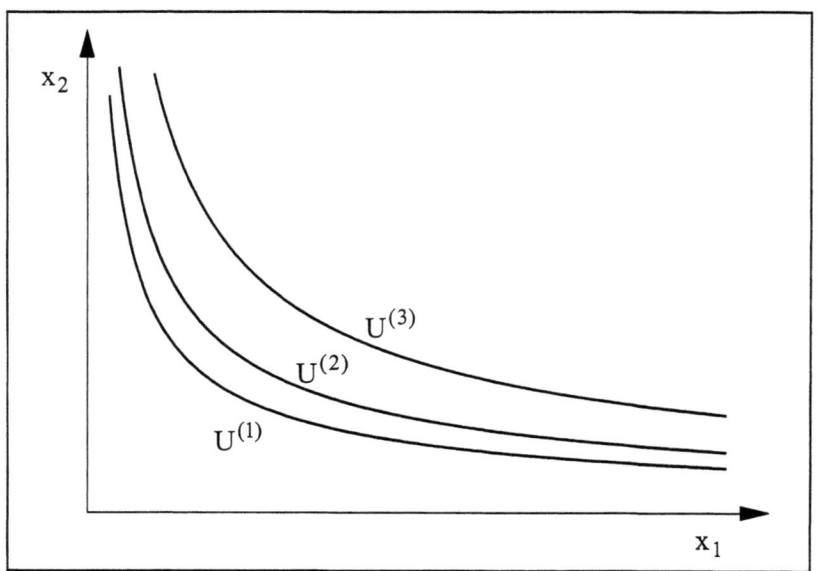

Abbildung 2.3: Indifferenzkurven

Während die Indifferenzkurve Auskunft über das Austauschverhältnis der Güter gibt, lässt sich mittels senkrecht zur Grundfläche verlaufender Schnitte durch das Nutzengebirge der Zusammenhang zwischen der Konsummenge eines Gutes und dem erreichten Nutzenniveau bei konstanter Menge des anderen Gutes darstellen. Die **partiellen Nutzenkurven** spiegeln den Zusammenhang zwischen der Veränderung der konsumierten Gütermenge eines Gutes und dem Haushaltsnutzen wider. Wie in Abbildung 2.4 zu erkennen ist, führt eine Erhöhung der Menge von Gut 1 zu einem stetigen Nutzenzuwachs, allerdings nimmt die Zuwachsrate kontinuierlich ab. Bezeichnet man den zusätzlicher Nutzen den die zuletzt konsumierten Einheit stiftet als **Grenznutzen**, dann zeigt sich das dieser stetig abnimmt. Der Nutzen, den der zweite Schluck Wasser stiftet ist niedriger als der des ersten Schlucks. Formal ergibt sich der Grenznutzen (f_i') als 1. partielle Ableitung der Nutzenfunktion, es gilt:

$$f_i' = \frac{\partial U}{\partial x_i}.$$

H. H. Gossen formulierte diesen Zusammenhang im **1. Gossenschen Gesetz**, dem Gesetz vom abnehmenden Grenznutzen eines Gutes. Anzumerken ist, dass dieses „Gesetz" nicht zwangsläufig gilt, denn innerhalb bestimmter Bereiche sind steigende oder konstante Grenznutzen durchaus zu erwarten. Allerdings kann auf die Allgemeingültigkeit des Gesetzes verzichtet werden. An dessen Stelle tritt dann das Gesetz der abnehmenden Grenzrate der Substitution, das auch im Fall ordinalskalierten Nutzens Gültigkeit hat. Abbildung 2.4 verdeutlicht, dass der Verlauf der Nutzenkurve des Gutes 1 auch vom Niveau des anderen, mengenmäßig gleich bleibenden Gutes abhängt. Je mehr vom anderen Gut konsumiert wird, umso höher ist der Gesamtnutzen, und auch der Grenznutzen des einen Gutes steigt mit der Verbrauchsmenge des anderen Gutes. Der Grenznutzen einer bestimmten Mengeneinheit ist demnach nicht immer gleich, sondern hängt auch vom Verbrauch der anderen Güter ab. Dies lässt sich daran erkennen, dass die 2. Nutzenkurve an jeder Stelle eine höhere Steigung aufweist.

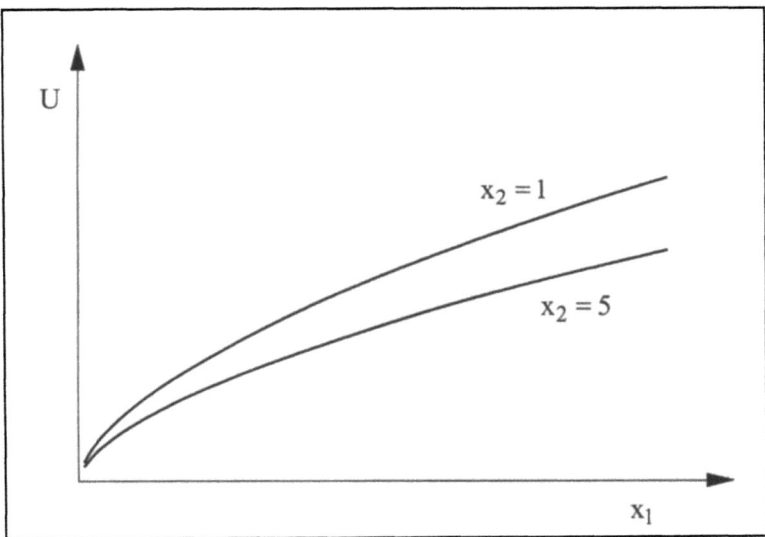

Abbildung 2.4: Partielle Nutzenfunktion

Beispiel 2.1: Nutzenfunktionen und Indifferenzkurven

Frau A hat ihre Nutzenwerte bezüglich der Güter Brot und Butter bestimmt und daraus ihre Grenznutzenfunktionen abgeleitet. Sie lauten:

$U = x_1^{0,4} * x_2^{0,6}$ (Nutzenfunktion),

$$\frac{\partial U}{\partial x_1} = f_1' = 0{,}4 x_1^{-0{,}6} * x_2^{0{,}6} \text{ (Grenznutzenfunktion Brot)},$$

$$\frac{\partial U}{\partial x_2} = f_2' = 0{,}6 x_1^{0{,}4} * x_2^{-0{,}4} \text{ (Grenznutzenfunktion Butter)}.$$

In Tabelle 2.1 sind beispielhaft einige Gütermengenkombinationen mit dem durch sie gestifteten Nutzen zusammengefasst.

Tabelle 2.1: Nutzenwerte der A

Brotmenge (x_1)	5	5	5	5	5	5
Buttermenge (x_2)	1	2	5	10	12	15
Nutzen (U)	1,90	2,86	5	7,58	8,46	9,67

Abbildung 2.5 zeigt die Indifferenzkurve von Frau A für ein konstantes Nutzenniveau von 5 Einheiten. Es zeigt sich, dass es unendlich viele Mengenkombinationen von Brot und Butter gibt, die ihr den gleichen Nutzen stiften und deshalb eine Indifferenzkurve bilden. Ein höheres Nutzenniveau kann Frau A nur erreichen, wenn sie entsprechend mehr von beiden Gütern konsumiert.

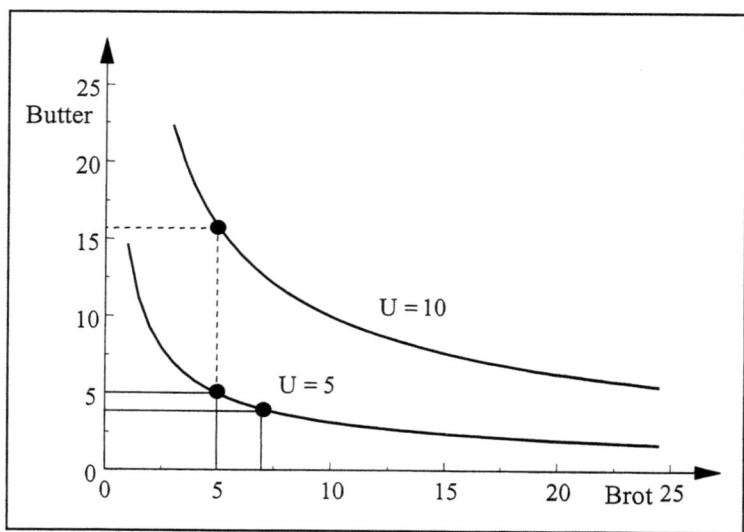

Abbildung 2.5: Indifferenzkurven von Frau A

In Tabelle 2.2 sind beispielhaft einige Grenznutzenwerte des Gutes 1 (Brot) berechnet. Dabei zeigt sich, dass die Nutzenfunktion von Frau A den von Gossen als typisch bezeichneten Verlauf hat.

Tabelle 2.2: Grenznutzen des Brotes

Brotmenge (x_1)	1	2	5	10	12	15
Buttermenge (x_2)	5	5	5	5	5	5
Grenznutzen des Brotes (f_1')	1,05	0,69	0,40	0,26	0,24	0,21

Graphisch ergibt sich der in Abbildung 2.6 dargestellte Zusammenhang.

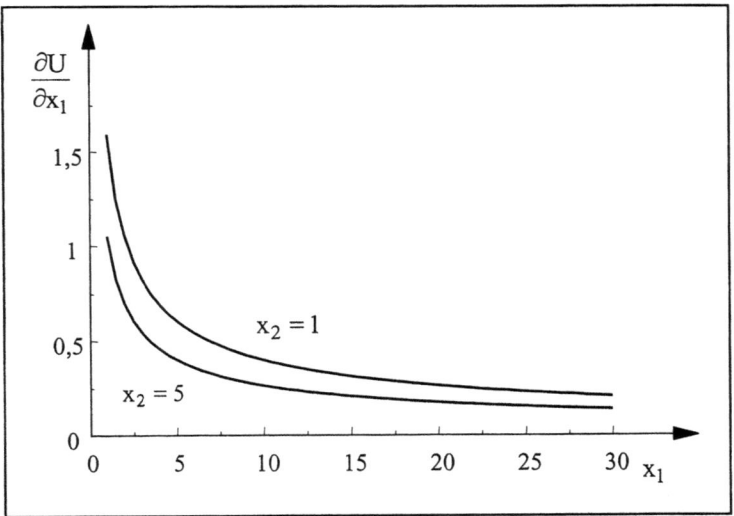

Abbildung 2.6: Grenznutzen des Brotes

Der Grenznutzen des Brotes ist stets positiv. Nach einem anfänglich raschen Rückgang fällt der Grenznutzen des Brotes nur noch langsam. Deutlich ist zu erkennen, dass der Grenznutzen des Brotes auch vom Konsumniveau der Butter abhängt.

Im Folgenden wird nun die Beziehung zwischen den Gütern genauer analysiert. Da die Indifferenzkurven annahmegemäß konvex zum Ursprung verlaufen, kann ein bestimmtes Nutzenniveau nur gehalten werden, wenn ein Verzicht auf eine Einheit des einen Gutes durch einen Mehrverbrauch des anderen Gutes ausgeglichen wird. Die Bewegungen entlang einer Indifferenzkurve entsprechen also einem Austauschprozess, in dessen Verlauf immer mehr des einen Gutes durch das andere ersetzt wird (vgl. Abbildung 2.7).

Wie viel im Einzelnen von Gut 2 benötigt wird, um den Verzicht auf eine Einheit von Gut 1 auszugleichen, ist verschieden und hängt von der Konsumintensität ab. Wird viel eines Gutes verbraucht, dann fällt es dem Konsumenten leicht auf eine Einheit zu verzichten. In diesem Fall ist nur eine kleine zusätzliche Menge des anderen Gutes nötig, um den Konsumenten zu entschädigen damit er das Nutzenniveau halten kann. Je weniger der Haushalt jedoch von einem Gut zur Verfügung hat, umso höher ist der Nutzen den eine Einheit stiftet und umso mehr des anderen Gutes benötigt er, um den Nutzenrückgang auszugleichen.

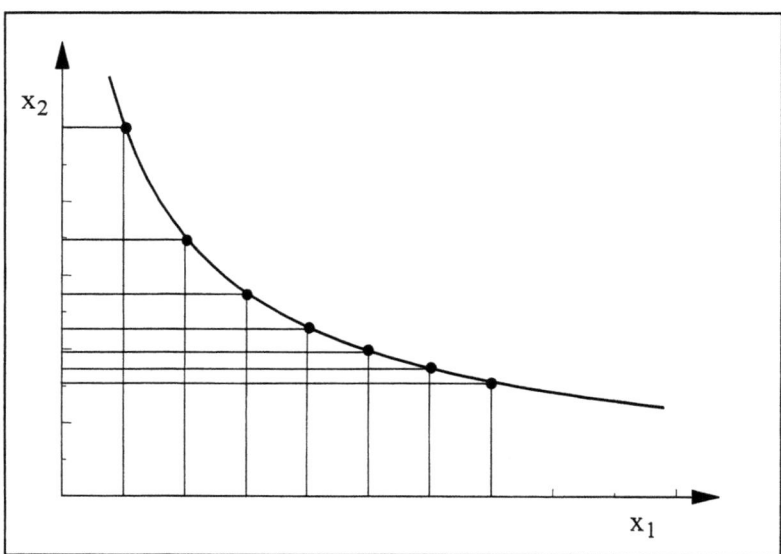

Abbildung 2.7: Die abnehmende Grenzrate der Substitution

Das Austauschverhältnis der beiden Güter, wird durch die **Grenzrate der Substitution** des Gutes 2 durch das Gut 1 (GdS_{21}) angegeben. Die Grenzrate der Substitution entspricht betragsmäßig der Steigung der Indifferenzkurve an einer beliebigen Stelle. Da es sich um eine Punktbetrachtung handelt, wird die Grenzrate der Substitution anhand des Differentialquotienten ermittelt und ergibt sich als:

$$GdS_{21} = -\frac{dx_2}{dx_1}.$$

Da im Fall konvexer Indifferenzkurven die Grenzrate der Substitution kontinuierlich fällt, wird auch **vom Gesetz der abnehmenden Grenzrate der Substitution** gesprochen. Das Gesetz besagt, dass, je geringer die Konsummenge eines Gutes ist, es umso schwieriger wird, eine weitere Mengeneinheit zu ersetzen. Schwierig bedeutet in diesem Zusammenhang, dass immer mehr des anderen Gutes notwendig ist, um auf eine Einheit des Gutes zu verzichten. Die Gültigkeit des Gesetzes der abnehmenden Grenzrate der Substitution ist wesentlich für die Haushaltstheorie.

Die Menge eines Gutes, die notwendig ist, um den Mengenrückgang des anderen Gutes auszugleichen, hängt zum einen vom Mengenrückgang des Gutes, zum anderen von dessen Grenznutzen ab. Wird unterstellt, dass der Mengenrückgang unendlich klein ist, dann ergibt sich der Nutzenrückgang allein aus dem Grenznutzen des zu ersetzenden Gutes. Analog dazu hängt die zusätzliche Menge des anderen Gutes von dessen Grenznutzen ab. Es gilt:

$$GdS_{21} = -\frac{dx_2}{dx_1} = \frac{f_1'}{f_2'} = \frac{\frac{\partial U}{\partial x_1}}{\frac{\partial U}{\partial x_2}}.$$

Die Grenzrate der Substitution entspricht demnach dem umgekehrten Verhältnis der Grenzproduktivitäten.

Beispiel 2.2: Die Grenzrate der Substitution

Frau A konsumiert zurzeit 10 Einheiten Brot und 10 Einheiten Butter und erreicht damit ein Nutzenniveau von 10 Einheiten. Sie möchte nun wissen, auf wie viel Butter sie ohne Nutzenänderung verzichten kann, wenn sie den Konsum von Brot um eine infinitesimal kleine Einheit erhöht. Sie weiß, dass sich ihre Nutzenänderung aus zwei Elementen zusammensetzt, nämlich der Mengenänderung und dem Grenznutzen der konsumierten Einheit. Sie formuliert den Zusammenhang als:

$$dU = f_1'*dx_1 + f_2'*dx_2.$$

Bezogen auf ihre Nutzenfunktion ergibt sich für sie:

$$U = x_1^{0,4} * x_2^{0,6}:$$

Da sie ihr Nutzenniveau halten will, muss die Nutzenänderung, die aus dem veränderten Mengenverhältnis resultiert, Null sein (dU = 0). Die vorhergehende Gleichung kann man entsprechend umformulieren zu:

$$dU = 0{,}4 x_1^{-0,6} * x_2^{0,6} * dx_1 + 0{,}6 * x_1^{0,4} * x_2^{-0,4} * dx_2 = 0.$$

$$GdS_{21} = \frac{f_1'}{f_2'} = \frac{0{,}4 x_1^{-0,6} * x_2^{0,6}}{0{,}6 * x_1^{0,4} * x_2^{-0,4}}.$$

Werden 10 Einheiten Brot und 10 Einheiten Butter konsumiert, dann beträgt die Grenzrate der Substitution:

$$GdS = \frac{0{,}4 * 10^{-0,6} * 10^{0,6}}{0{,}6 * 10^{0,4} * 10^{-0,4}} = \frac{0{,}4}{0{,}6} = 0{,}6667.$$

Möchte A beispielsweise zusätzlich 0,1 Einheiten Brot konsumieren, kann sie gleichzeitig auf 0,06667 Einheiten Butter verzichten. In Tabelle 2.3 sind beispielhaft einige Mengenkombinationen, die alle zu einem Nutzen von 10 führen, deren Grenznutzen und die Grenzrate der Substitution aufgelistet.

Zur Überprüfung ihrer Ergebnisse berechnet Frau A den Nutzen, den sie mit einer Kombination aus 10,1 Einheiten Brot und 9,9333 Einheiten Butter erzielt und kommt zum Ergebnis, dass sie ihr Nutzenniveau halten kann. Die entstehenden Abweichungen (U = 9,9997) sind darauf zurückzuführen, dass mittels des Differentialquotienten die Steigung in einem Punkt berechnet wurde. Indem diese Steigung jedoch auf eine Strecke (0,1 Einheiten Brot) übertragen wird, entstehen Ungenauigkeiten, die den Fehler bedingen. Dieser Fehler wird um so größer, je stärker die Krümmung der Indifferenzkurve ist bzw. je größer die Projektionsfläche ist.

Tabelle 2.3: Berechnung der Grenzrate der Substitution

Brotmenge (x_1)	Buttermenge (x_2)	Grenznutzen x_1 (f_1')	Grenznutzen x_2 (f_2')	Grenzrate der Substitution
1	46,4159	4,0000	0,1293	30,9439
5	15,8740	0,8000	0,3780	2,1165
10	10,0000	0,4000	0,6000	0,6667
15	7,6314	0,2667	0,7862	0,3392
20	6,2996	0,2000	0,9524	0,2100
25	5,4288	0,1600	1,1052	0,1448

2.2 Die Budgetgerade und der optimale Verbrauchsplan

Die Frage, die den Haushalt im Wesentlichen interessiert ist, welche der möglichen Gütermengenkombinationen er realisieren soll um seinen Nutzen zu maximieren. Deshalb hängt sein **optimaler Verbrauchsplan**, die Gütermengenkombination, die ihm den höchsten Nutzen liefert, natürlich auch von seinen finanziellen Mitteln ab. Neben seinem Budget sind es die Preise der Güter und seine persönlichen Präferenzen, die wesentlich für seine Konsumentscheidung sind. Gibt er sein gesamtes Einkommen (E) für den Kauf der Güter x_1 und x_2 aus und wird mit p_1 der Preis des Gutes 1 und mit p_2 der Preis des Gutes 2 bezeichnet, dann lässt sich der Zusammenhang wie folgt formulieren:

$$E = p_1 * x_1 + p_2 * x_2$$

bzw. nach x_2 als Geradengleichung aufgelöst:

$$x_2 = \frac{E}{p_2} - \frac{p_1}{p_2} * x_1$$

Diese Gleichung beschreibt alle Güterkombinationen, die bei gegebenem Budget und gegebenen Preisen gekauft werden können. Die Gerade wird als **Budgetlinie** oder **Bilanzgerade** bezeichnet. Ihre Steigung hängt vom Verhältnis der Preise zueinander ab. Wie in Abbildung 2.8 zu erkennen ist, können mit einem gegebenen Budget alle Güterkombinationen innerhalb des Dreiecks gekauft werden. Unterhalb des oberen Rands wird jedoch nur ein Teil des Budgets ausgenutzt.

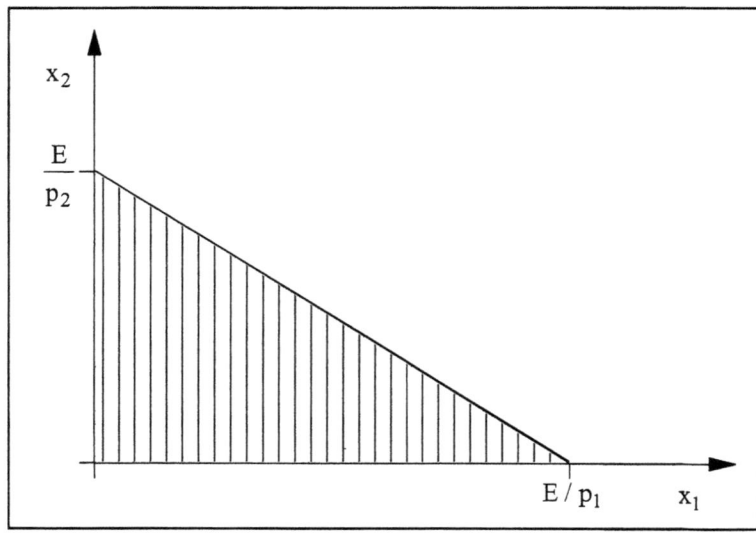

Abbildung 2.8: Budgetlinie und Kaufmöglichkeiten

Einkommenserhöhungen verschieben, bei unveränderten Preisen, die Budgetlinie nach oben. Das heißt, je weiter eine Budgetlinie vom Ursprung entfernt ist, umso höher ist das Budget, das sie repräsentiert, et vice versa.

Veränderungen des Preisverhältnisses der beiden Güter bei gleich bleibendem Einkommen führen zu einer veränderten Steigung der Geraden. Dies bewirkt eine Drehung der Bilanzgeraden um den Koordinatenpunkt des preiskonstanten Gutes (vgl. Abbildung 2.9). Dabei zeigt sich, dass eine Preiserhöhung die Konsummöglichkeiten des Haushaltes einschränkt. Je höher der Preis des Gutes 2 ist ($p_2''' > p_2'' > p_2'$), umso weniger kann von Gut 2 gekauft werden, während die Maximalmenge des Gutes 1 unverändert bleibt. Werden dagegen die Preise beider Güter verändert, dann ergeben sich völlig neue Budgetlinien mit neuen Achsenschnittpunkten. Werden die Preise um den gleichen Prozentsatz erhöht, dann bleibt die Steigung der Geraden unverändert, allerdings liegt die Budgetlinie näher am Koordinatenursprung. Werden die Preise um unterschiedliche Prozentsätze erhöht, dann hat die Bilanzgerade eine neue Steigung, sie liegt jedoch stets unterhalb der alten Gerade.

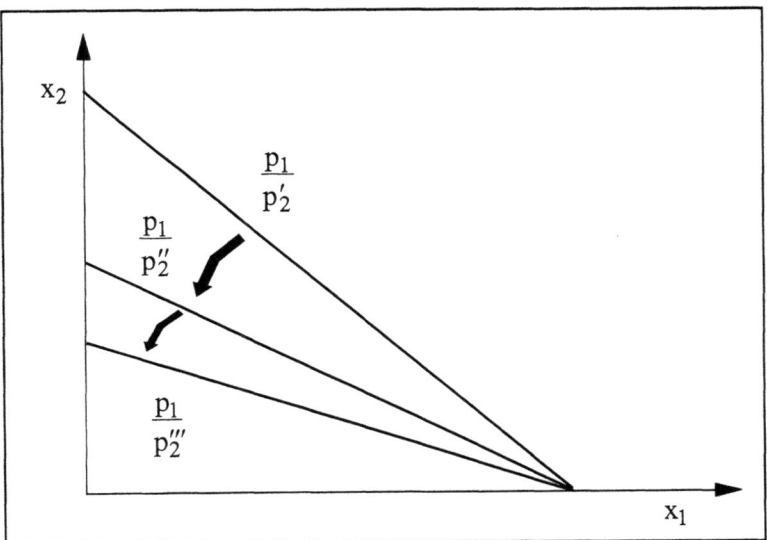

Abbildung 2.9: Die Wirkung von Preiserhöhungen auf die Bilanzgerade

Der optimale Verbrauchsplan, auch als Haushaltsgleichgewicht oder Haushaltsoptimum bezeichnet, ist dort erreicht, wo mit einem gegebenen Budget der maximale Nutzen erreicht wird (= Maximalprinzip). Dieser Punkt lässt sich graphisch und mit Hilfe der Lagrange-Funktion, als Verfahren zur Optimierung unter Nebenbedingungen, ermitteln. Zunächst soll das Haushaltsoptimum graphisch ermittelt werden (vgl. Abbildung 2.10).

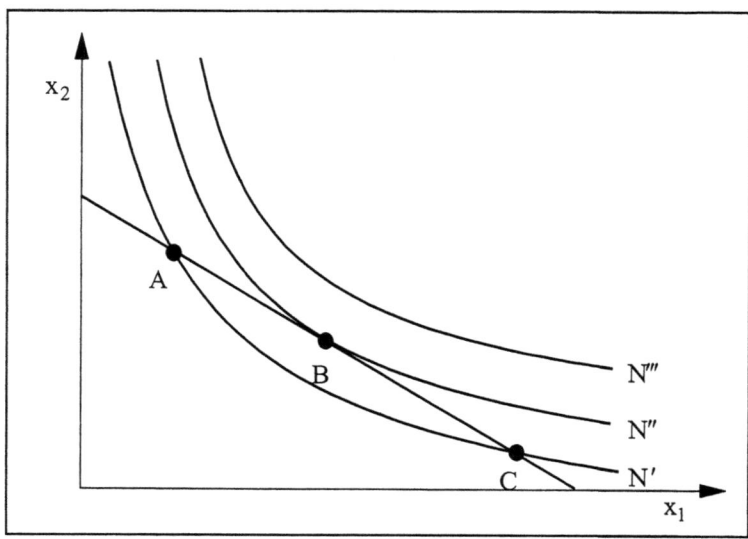

Abbildung 2.10: Graphische Bestimmung des Haushaltsoptimums

Bei gegebenen Finanzmitteln wird der Haushalt Punkt B realisieren, denn das Haushaltsoptimum ist dort erreicht, wo die Bilanzgerade zur Tangente an einer Indifferenzkurve wird. Zwar kann der Haushalt aufgrund seiner finanziellen Mittel auch die Punkte A oder C realisieren, sie liegen jedoch auf niedrigeren Indifferenzkurven und sind deshalb suboptimal. Der Haushalt erzielt, wählt er eine dieser Gütermengenkombinationen, einen geringeren Nutzen, als wenn er die Kombination B wählt. Punkte auf einer höher liegenden Indifferenzkurve repräsentieren zwar einen höheren Nutzen, sie können mit den gegebenen Mitteln jedoch nicht realisiert werden.

An dem Punkt, an dem die Budgetlinie zur Tangente der Indifferenzkurve wird (B), haben beide Funktionen die gleiche Steigung. Bekanntlich wird die Steigung der Budgetlinie durch das Preisverhältnis bestimmt:

$(-\frac{p_1}{p_2})$.

Hingegen wird die Steigung der Indifferenzkurve durch die Grenzrate der Substitution festgelegt:

$(\frac{dx_2}{dx_1})$.

Im Haushaltsoptimum entspricht demnach die Grenzrate der Substitution dem negativen reziproken Preisverhältnis. Da die Grenzrate der Substitution jedoch mit dem umgekehrten Verhältnis der Grenznutzen identisch ist, gilt, dass im **Haushaltsoptimum das Verhältnis der Grenznutzen dem Verhältnis der Preise entspricht**. Es lässt sich somit festhalten:

$$\frac{\frac{\partial U}{\partial x_1}}{\frac{\partial U}{\partial x_2}} = \frac{p_1}{p_2}.$$

Die Gleichung lässt sich umformulieren zu:

$$\frac{\frac{\partial U}{\partial x_1}}{p_1} = \frac{\frac{\partial U}{\partial x_2}}{p_2}.$$

Diese Identität ist Gegenstand des **2. Gossenschen Gesetzes**, das besagt, dass im Haushaltsgleichgewicht die letzte Geldeinheit in jeder Verwendung den gleichen Grenznutzen stiftet. Ober anders formuliert: Der Grenznutzen des Geldes ist im Haushaltsoptimum für beide Güter gleich. Dies heißt auch, immer wenn der Haushalt nicht diese optimale Kombination wählt stiftet ihm eine Geldeinheit beim Kauf des einen Gutes einen höheren Nutzen als beim Kauf des anderen Gutes. Ein Zustand, den der Käufer als negativ empfinden wird und den er durch Mehrkauf des Gutes mit dem höheren Grenznutzen ausgleichen wird. Dieser Prozess wird sich so lange fortsetzen, bis keine Diskrepanz mehr besteht.

Formal lässt sich das Haushaltsoptimum mittels der Lagrange-Funktion bestimmen. Bekanntlich ist es das Ziel des Haushaltes, seinen Nutzen zu maximieren, unter der Nebenbedingung, dass ihm nur ein gewisses Budget zur Verfügung steht und die Preise ein Datum sind. Aus den Gleichungen:

$U = U(x_1, x_2)$ (Zielfunktion)

$E - p_1 x_1 - p_2 x_2 = 0$ (Nebenbedingung)

ergibt sich die Lagrange-Funktion mit dem noch zu bestimmenden Lagrange-Multiplikator λ, der Ausdruck für den Grenznutzen des Geldes ist.

$L = U(x_1, x_2) + \lambda(E - p_1 x_1 - p_2 x_2)$

Zur Lösung der Gleichung müssen die ersten partiellen Ableitungen gebildet und gleich Null gesetzt werden.

(1) $\dfrac{\partial L}{\partial x_1} = \dfrac{\partial U}{\partial x_1} - \lambda p_1 = 0$

(2) $\dfrac{\partial L}{\partial x_2} = \dfrac{\partial U}{\partial x_2} - \lambda p_2 = 0$

(3) $\dfrac{\partial L}{\partial \lambda} = E - p_1 x_1 - p_2 x_2 = 0$

Das 2. Gossensche Gesetz findet Ausdruck in den partiellen Ableitungen nach x_1 bzw. nach x_2. Die Aussage:

$\dfrac{\partial L}{\partial \lambda} = 0$

beinhaltet, dass der Haushalt seine Finanzmittel vollständig ausgibt.

Beispiel 2.3: Bestimmung des Haushaltsoptimums

Nach einer eingehenden Analyse ihrer Präferenzen ist Frau A in der Lage, ihre Nutzenfunktion zu bestimmen. Der Zusammenhang lässt sich formulieren als:

$U = x_1^{0,4} * x_2^{0,6}$

Frau A möchte die für sie nutzenmaximalen Mengen an Brot und Butter bestimmen. Das ihr zur Verfügung stehende Budget beträgt 200 GE. Der Preis für eine Einheit Brot beträgt 5 GE ($p_1 = 5$) und der Preis für eine Einheit Butter 10 GE ($p_2 = 10$).

Die Lagrange-Gleichung hat in diesem Fall die Form:

$$L = \left(x_1^{0,4} * x_2^{0,6}\right) + \lambda\left(200 - 5x_1 - 10x_2\right).$$

Zur Lösung der Gleichung werden zunächst die partiellen Ableitungen gebildet. Sie lauten:

(1) $\dfrac{\partial L}{\partial x_1} = 0,4x_1^{-0,6} * x_2^{0,6} - 5\lambda = 0$

(2) $\dfrac{\partial L}{\partial x_2} = 0,6x_1^{0,4} * x_2^{-0,4} - 10\lambda = 0$

(3) $\dfrac{\partial L}{\partial \lambda} = 200 - 5x_1 - 10x_2 = 0$

Wird Gleichung (1) durch Gleichung (2) dividiert, kann λ eliminiert werden und es ergibt sich:

$$\frac{0,4x_1^{-0,6} * x_2^{0,6}}{0,6x_1^{0,4} * x_2^{-0,4}} = \frac{5}{10}$$

Das Auflösen der Gleichung nach x_2 führt zu:

$$\frac{0,4x_2^{0,6} * x_2^{0,4}}{0,6x_1^{0,4} * x_1^{0,6}} = \frac{1}{2}$$

$$\frac{0,4x_2}{0,6x_1} = \frac{1}{2}$$

$$0,8x_2 = 0,6x_1$$

$$x_2 = 0,75x_1$$

Wird dieser Ausdruck in Gleichung (3) eingesetzt, folgt daraus:

$$200 - 5x_1 - 10*(0{,}75x_1) = 0$$
$$200 - 12{,}5x_1 = 0$$
$$x_1 = 16 \quad \Rightarrow \quad x_2 = 0{,}75*16 = 12$$

Bei gegebenen Preisen und einem gegebenen Einkommen ist es für A optimal, wenn sie 16 Einheiten Brot und 12 Einheiten Butter konsumiert. Sie gibt in diesem Fall ihr gesamtes Einkommen aus, denn:

$$200 - 5*16 - 10*12 = 0.$$

Durch den Konsum von 16 Einheiten Brot und 12 Einheiten Butter beträgt ihr Nutzen

$$U = 16^{0{,}4} * 12^{0{,}6} = 13{,}4635.$$

Frau A möchte nun gerne in ihrem konkreten Fall die Gültigkeit des 2. Gossenschen Gesetzes überprüfen. Sie bestimmt deshalb den Grenznutzen, den ihr die letzte Geldeinheit in beiden Verwendungen stiftet. Da allgemein gilt:

$$\frac{\frac{\partial U}{\partial x_1}}{p_1} = \frac{\frac{\partial U}{\partial x_2}}{p_2}$$

ergibt sich in ihrem Fall:

$$\frac{0{,}4x_1^{-0{,}6} * x_2^{0{,}6}}{p_1} = \frac{0{,}4*16^{-0{,}6}*12^{0{,}6}}{5} = 0{,}0673$$

$$\frac{0{,}6x_1^{0{,}4} * x_2^{-0{,}4}}{p_2} = \frac{0{,}6*16^{0{,}4}*12^{-0{,}4}}{10} = 0{,}0673$$

Die letzte Geldeinheit stiftet sowohl beim Kauf des Brots als auch beim Kauf der Butter einen Grenznutzen von 0,0673 Einheiten. Das 2. Gossensche Gesetz hat damit Gültigkeit.

2.3 Die Nachfragekurve des Haushalts

Im vorhergehenden Abschnitt wurde ermittelt, welche Gütermengenkombinationen ein Haushalt bei gegebenem Einkommen und gegebenen Güterpreisen nachfragt. In diesem Abschnitt soll der Frage nachgegangen werden, welchen Einfluss Preisänderungen auf das Haushaltsgleichgewicht haben. Dabei wird das Haushaltseinkommen als konstant angenommen, um die reinen Preiseffekte isolieren zu können.

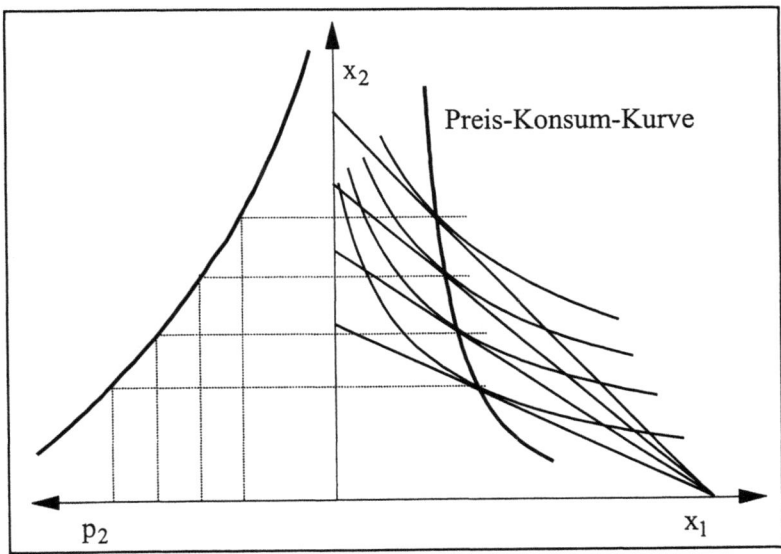

Abbildung 2.11: Preis-Konsum-Kurve

Der Zusammenhang zwischen dem Preis eines Gutes und der nachgefragten Menge wird in der **Konsumfunktion** dargestellt. Die **Konsumkurve** ist der geometrische Ort aller Preis-Mengen-Kombinationen eines Gutes. Graphisch lässt sie sich aus den Indifferenzkurven und den Budgetlinien herleiten. Bekanntlich bewirkt eine Preisänderung, sofern die Preise nicht proportional steigen, eine Drehung der Budgetlinie. Aufgrund des gestiegenen Preises kann der Haushalt sein altes Konsumniveau nicht länger halten. Er fällt auf eine niedrigere Indifferenzkurve zurück. Es zeigt sich, dass eine Preiserhöhung ähnlich wie ein Einkommensrückgang wirkt. Die Preisänderung führt gleichzeitig zu einer Änderung des optimalen Verhältnisses der Güter. Verbindet man alle Haushaltsoptima miteinander, dann ergibt sich die **Preis-Konsum-Kurve**. Sie stellt den Zusammenhang zwischen der Nachfrage nach den beiden Gütern und der Preisänderung eines Gutes, bei konstantem Einkommen, her. Damit gibt sie auch den Zusammenhang zwischen dem Preis eines Gutes und seiner nachgefragten Menge wieder (vgl. Abbildung 2.11). Werden die Preise und die entsprechenden Mengen in ein Preis-Mengen-Diagramm übertragen, so ergibt sich die Preisabsatzkurve, das heißt die Nachfragekurve des Haushalts. Die so entstandene Darstellungsform ist jedoch unüblich. Die typische Darstellungsform ergibt sich, wenn der Preis auf der senkrechten und die Menge auf der waagerechten Achse abgetragen werden, wie dies in Abbildung 2.12 der Fall ist.

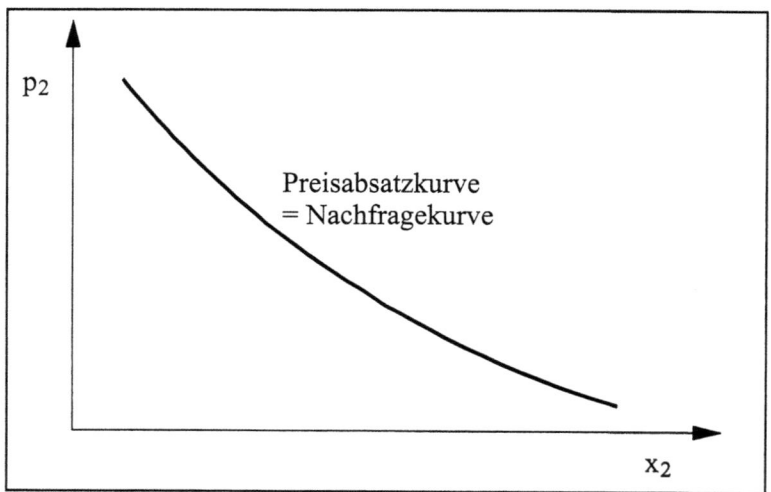

Abbildung 2.12: Die Nachfragekurve

Normalerweise verläuft die Nachfragekurve von links oben nach rechts unten, denn je teurer ein Gut ist, umso weniger wird von ihm nachgefragt. Es werden jedoch auch Ausnahmen beobachtet, in denen bei steigenden Preisen die Nachfrage zunimmt. Hierbei handelt es sich um das so genannte **Giffen-Paradox**, auf das nachfolgend noch eingegangen wird.

Im Folgenden sollen die Wirkungen einer Preiserhöhung genauer untersucht werden. Um die einzelnen Zusammenhänge herausarbeiten zu können, wird der Gesamteffekt in seine Teileffekte zerlegt. Wie sich in Abbildung 2.13 erkennen lässt, vollzieht sich der Übergang vom ursprünglichen Haushaltsoptimum zum neuen Gleichgewichtspunkt in zwei Schritten.

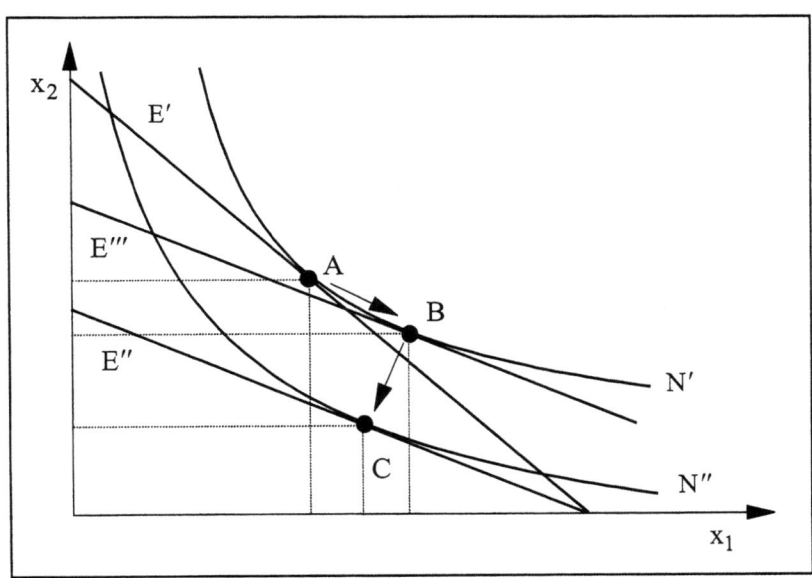

Abbildung 2.13: Substitutions- und Einkommenseffekt einer Preiserhöhung

Zunächst findet ein reiner **Substitutionseffekt** statt. Um den Effekt kenntlich zu machen, wird unterstellt, dass der Haushalt für die Preiserhöhung durch eine Einkommenserhöhung entschädigt wird. Die Einkommenserhöhung ist so hoch, dass der Haushalt weiterhin sein altes Nutzenniveau halten kann.

In Abbildung 2.13 kommt diese Überlegung durch die Budgetlinie E''' zum Ausdruck. Ausgehend von der ursprünglichen Geraden E' führt die Preiserhöhung des Gutes 2 zu einer Drehung der Budgetlinie. Die neue Budgetlinie E'' verläuft flacher. Dem Haushalt ist es nicht mehr möglich, seine ursprüngliche Indifferenzkurve N' zu erreichen. Die Budgetlinie E''' bringt die fiktive Subventionierung des Haushalts zum Ausdruck, denn nur bei gestiegenes Einkommen ist es ermöglicht, das Nutzenniveau N' weiterhin zu halten. Angesichts des neuen Preisverhältnisses fragt der Haushalt nicht mehr die ursprüngliche Gütermengenkombination A nach, sondern die Kombination B. In ihr ist weniger vom teueren Gut enthalten.

Erklären lässt sich der Substitutionseffekt anhand des 2. Gossenschen Gesetzes. Das teuere Gut wird solange substituiert bis wieder gilt, dass der

Grenznutzen des Geldes in beiden Verwendungen gleich ist. Angesichts der Preiserhöhung des Gutes und unter Berücksichtigung der abnehmenden Grenzrate der Substitution kann dies nur an einem Punkt der Fall sein, an dem weniger vom teuren Gut verwendet wird. Deshalb ist der Substitutionseffekt stets negativ. Der Haushalt wird vom verteuerten Gut stets weniger nachfragen.

Im Gegensatz zum Substitutionseffekt ist der **Einkommenseffekt** nicht eindeutig, sondern hängt von der Einkommenselastizität der Nachfrage (vgl. Abschnitt 2.5) ab. Tatsächlich realisiert der Haushalt Punkt C und nicht Punkt B, da in der Realität kein Einkommensausgleich stattfindet. Aufgrund der Preiserhöhung kann von beiden Gütern weniger nachgefragt werden. Die Mengenunterschiede zwischen Punkt B und Punkt C sind allein auf den Realeinkommensverlust zurückzuführen, den der Haushalt durch die Preiserhöhung erlitten hat.

Im Normalfall führen Einkommens- und Substitutionseffekt zu einem Rückgang der Nachfrage des verteuerten Gutes. *R. Giffen* zeigte allerdings, dass es trotz Preiserhöhung Fälle gibt, in denen von dem teuren Gut mehr nachgefragt wird. Er beobachtete dieses Phänomen bei armen Bevölkerungsschichten, die sich kaum Fleisch und Gemüse leisten konnten. Wurde in diesem Umfeld der Brotpreis erhöht, wurde mehr Brot gekauft. Dies ist darauf zurückführen, dass die Haushalte nicht auf das absolut wesentlich teurere Fleisch bzw. Gemüse auszuweichen konnten. Um nicht zu hungern, kauften sie noch weniger Fleisch und Gemüse und dafür mehr Brot. In diesem als **Giffensches Paradox** bezeichneten Fall wird der negative Substitutionseffekt durch den Einkommenseffekt überkompensiert.

2.4 Die Einkommenseffekte

Neben den Güterpreisen hat das Haushaltseinkommen einen wesentlichen Einfluss auf die nachgefragte Gütermenge.

$$x_1 = x_1(p_1, p_2, E) \text{ bzw. } x_2 = x_2(p_1, p_2, E).$$

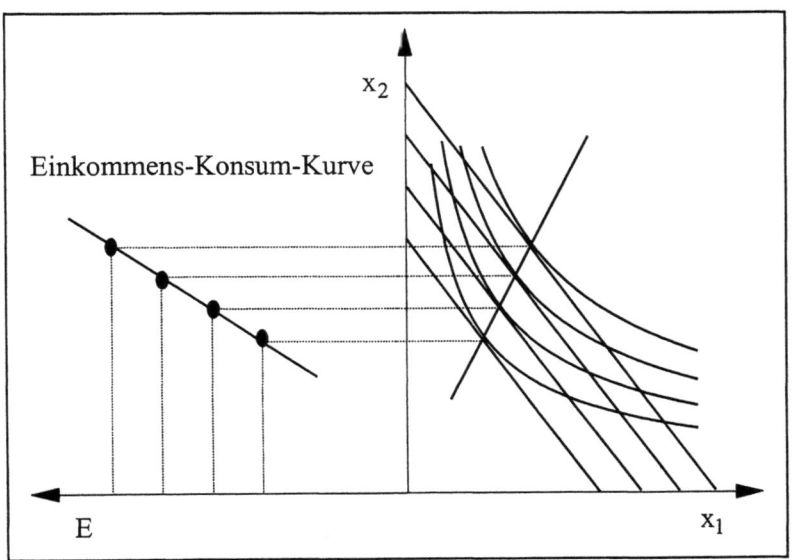

Abbildung 2.14: Einkommens-Konsum-Kurve

Bekanntlich führt eine Einkommensveränderung bei konstanten Güterpreisen zu einer Parallelverschiebung der Budgetlinie. Das neue Haushaltsoptimum ergibt sich wieder als Tangentialpunkt mit einer höher gelegenen Indifferenzkurve. Werden die Optima miteinander verbunden, dann ergibt sich die **Einkommens-Konsum-Kurve** oder **Engelsche Kurve** (vgl. Abbildung 2.14). Sie bildet die nachgefragte Menge eines Gutes in Abhängigkeit vom Einkommen ab.

Wie viel mehr oder weniger eines Gutes bei sich verändertem Einkommen nachgefragt wird, hängt vom Verlauf der Indifferenzkurven und damit von den Haushaltspräferenzen ab. In Abhängigkeit von der Reaktion der Nachfrage auf Einkommensänderungen lassen sich Güter wie folgt klassifizieren:

- Die Nachfrage nach dem Gut nimmt linear zu.
  Eine Erhöhung des Einkommens führt zu einer gleichmäßigen Erhöhung der Nachfrage nach dem Gut. Die Gütermengenentwicklung reagiert auf die Einkommensänderung **neutral**. Dass eine Einkommensveränderung ohne Einfluss auf die Struktur der Nachfrage bleibt, stellt einen Spezialfall dar.

- Die Nachfrage nach dem Gut bleibt unverändert.
  In diesem seltenen Sonderfall führt eine Einkommensänderung zu keiner Änderung der Nachfrage nach dem Gut.

- Die Nachfrage nach dem Gut nimmt überproportional zu.
  Nimmt mit steigendem Einkommen die Nachfrage stärker als das Einkommen zu, dann ist das Gut **absolut superior**. Superiore Güter sind beispielsweise hochwertige Lebensmittel, Urlaubsreisen, Kosmetik.

- Die Nachfrage nach dem Gut nimmt ab.
  Ein **absolut inferiores** Gut ist dadurch gekennzeichnet, dass bei steigendem Einkommen seine nachgefragte Menge abnimmt. Beim Giffen-Gut handelt es demnach um ein absolut inferiores Gut. Geringerwertige Lebensmittel sind häufig absolut inferior.

- Die Nachfrage nach dem Gut nimmt unterproportional zu.
  Steigt die Nachfrage nach einem Gut zwar absolut, aber langsamer als das Einkommen, dann wird von einem **relativ inferioren** Güter gesprochen. Die meisten Grundnahrungsmittel, Wohnraum und viele Konsumgüter sind relativ inferiore Güter. Sie stellen den Normalfall dar.

Ausgehend vom 2-Güter-Fall muss stets ein superiores mit einem inferioren Gut zusammenkommen, denn nur wenn die Nachfrage nach einem Gut relativ oder absolut abnimmt, kann die Nachfrage nach dem anderen zunehmen. Die Reaktion der Güter auf Einkommens- aber auch Preisänderungen lässt sich anhand der Elastizitäten beschreiben. Auf deren Ermittlung und Aussagekraft wird im nächsten Abschnitt eingegangen.

2.5 Die Elastizitäten

Die Elastizität (ε) beschreibt die Reagibilität einer Größe auf die Änderung einer anderen Größe und ist damit ein Maß für die Interdependenz zwischen zwei Variablen. Die auf *A. Marshall* zurückgehende Elastizität bringt die relative Änderung einer abhängigen Variablen von der relativen Änderung einer unabhängigen Variablen zum Ausdruck.

Die Elastizität basiert auf einer infinitesimal kleinen Änderung einer Größe an einem bestimmten Punkt. Indem die relativen Änderungen erfasst werden, verliert die Dimension der zugrunde liegenden Größe ihre Bedeutung. Dies macht den großen Vorteil der Elastizität aus, dass dadurch auch unterschiedliche Güter verglichen werden können.

Gerade in der Praxis sind Elastizitäten hilfreich, denn häufig sind nicht die ganzen Funktionen bekannt, sondern nur ihre Elastizitäten an einer oder mehreren Stellen. Der Begriff der Elastizität kann auf beliebige funktionale Zusammenhänge angewendet werden, wenn diese die Abhängigkeit zwischen zwei ökonomischen Größen beschreiben. Im Folgenden werden drei Arten der Elastizität vorgestellt.

2.5.1 Die Preiselastizität

Ausgehend von der Nachfragekurve eines Gutes soll bestimmt werden, wie die nachgefragte Menge auf eine infinitesimal kleine Änderung des Preises reagiert. Ausgehend von einem konkreten Preisniveau wird die (direkte) **Preiselastizität** (ε_{xp}) bestimmt.

Aufgrund des typischen fallenden Verlaufs der Nachfragefunktion ist zu erwarten, dass die Preiselastizität ein negatives Vorzeichen hat, weil mit steigenden Preisen die Nachfrage zumeist rückläufig sein dürfte. Die Preiselastizität berechnet sich als:

$$\varepsilon_{xp} = \frac{dx_i}{x_i} : \frac{dp_i}{p_i} = \frac{dx_i}{dp_i} * \frac{p_i}{x_i}.$$

Beim Ausdruck

$$\frac{dx_i}{dp_i}$$

handelt es sich um die erste partielle Ableitung der Nachfragefunktion. Dieser Grenzwert gibt an, um wie viele Einheiten die Menge variiert, wenn sich der Preis geringfügig verändert. Der Quotient

$$\frac{p_i}{x_i}$$

bringt zum Ausdruck, wie hoch der Durchschnittspreis einer bestimmten Nachfragemenge ist (vgl. Abbildung 2.15).

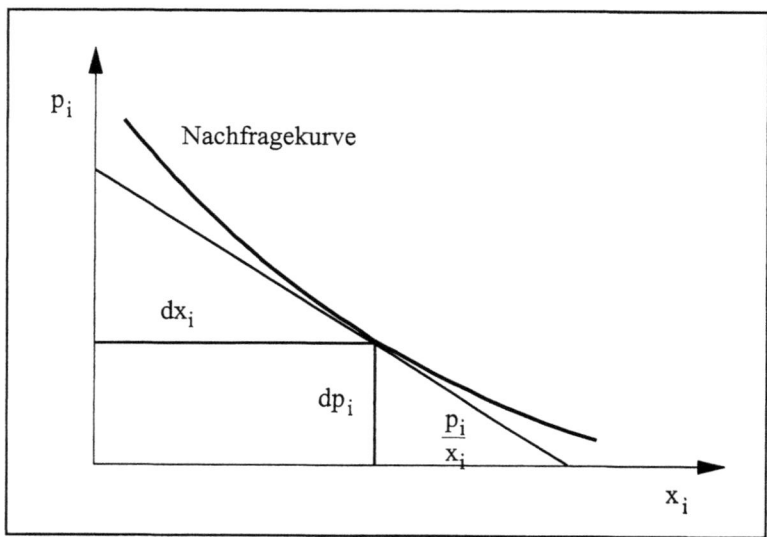

Abbildung 2.15: Die direkte Preiselastizität

Prinzipiell kann zwischen elastischer und unelastischer Nachfrage unterschieden werden (vgl. Abbildung 2.16).

- Als **elastisch** wird die Nachfrage bezeichnet, wenn die Preiselastizität (ε_{xp}) kleiner als -1 ist ($-\infty < \varepsilon_{xp} < -1$). In diesem Fall führt eine 1 %ige Erhöhung des Preises zu einem Mengenrückgang um mehr als ein Prozent. Zumeist weisen Luxusgüter eine Preiselastizität kleiner als -1 auf. Im Extrem kann die Preiselastizität, würde die Nachfragekurve parallel zur Abszisse verlaufen, unendlich elastisch werden. In diesem Fall wäre

$\dfrac{dx_i}{dp_i} \to -\infty$ und eine Änderung des Preises würde dann zu einer unendlich großen relativen Mengenänderung führen. Beträgt die Elastizität $-\infty$, dann kann zu einem bestimmten Preis jede Menge des Gutes nachgefragt werden, eine Veränderung des Preises lässt die Nachfrage jedoch vollständig zusammenbrechen.

- **Unelastisch** ist die Nachfrage immer, wenn ε_{xp} Werte von Null bis -1 annimmt ($-1 < \varepsilon_{xp} < 0$). Die Mengenreaktion fällt relativ geringer als die Preisveränderung aus. Güter der Grundversorgung erweisen sich häufig als preisunelastisch. Verläuft die Nachfragefunktion parallel zur Ordinate, dann ist $\varepsilon_{xp} = 0$. Eine Preisänderung bewirkt in diesem Fall keine Änderung der Nachfrage, eine konstante Menge wird zu jedem beliebigen Preis nachgefragt. Bei lebensnotwendigen Medikamenten liegt die Preiselastizität häufig bei Null.

Im ungewöhnlichen Fall eines Giffen-Gutes nimmt die Preiselastizität Werte größer als $+1$ an. Eine 1 %ige Änderung des Preises führt zu einer n %igen Erhöhung der Nachfrage.

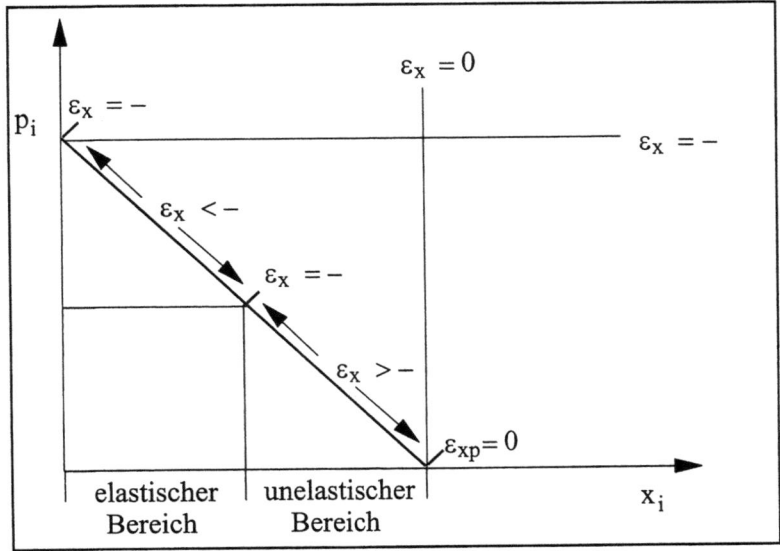

Abbildung 2.16: Elastizitäten

Beispiel 2.5: Die Preiselastizität der Nachfrage

Der Bäcker B überlegt, seinen Brotpreis zu erhöhen. Seine Frau sagt ihm, dass er diese Entscheidung von der Preiselastizität der Nachfrage abhängig machen soll. Sie hat bereits früher die Nachfragefunktion für Roggenbrot bestimmt. Diese lautet:

$$x_1 = 100 - 10p.$$

Zurzeit beträgt der Roggenbrotpreis (p_1) 4 GE. Entsprechend seiner Preis-Absatzfunktion verkauft Bäcker B zurzeit 60 Brote. Frau B ermittelt die Preiselastizität der Nachfrage.

$$\varepsilon_{xp} = \frac{dx_i}{dp_i} * \frac{p_i}{x_i}.$$

Als 1. partielle Ableitung der Nachfragefunktion nach dem Preis ergibt sich:

$$\frac{dx_1}{dp_1} = -10.$$

Der Durchschnittspreis beträgt an dieser Stelle:

$$\frac{p_i}{x_i} = \frac{4}{60} = 0{,}06\overline{6}.$$

Somit ergibt sich eine Preiselastizität der Nachfrage von:

$$-10 * 0{,}06\overline{6} = -0{,}6667.$$

Frau B erläutert ihrem Mann, dass eine 1 %ige Erhöhung des Preises zu einem 0,6667 %igen Rückgang der Menge führen wird. Frau B weist ihren Mann auch darauf hin, dass die Elastizität stets für jeden einzelnen Punkt zu bestimmen ist. Würde beispielsweise der Brotpreis 6 GE betragen, dann würden 40 Roggenbrote verkauft. Für die Preiselastizität ergäbe sich:

$$\varepsilon_{xp} = -10 * \frac{6}{40} = 1,5.$$

In diesem Fall würde eine 1 %ige Preiserhöhung zu einem Mengenrückgang um 1,5 % führen. Per Saldo ginge der Umsatz der Bäckerei B dann zurück.

2.5.2 Die Kreuzpreiselastizität

Für den Fall eines typischen Indifferenzkurvenverlaufs ist bekanntlich der durch eine Preiserhöhung ausgelöste Substitutionseffekt eindeutig. Stets wird von dem verteuerten Gut weniger nachgefragt und von dem relativ billigeren Gut wird mehr nachgefragt. Eine Preisänderung des Substitutionsgutes j hat demnach nicht nur Auswirkungen auf die Nachfrage nach diesem Gut, sondern auch auf die Nachfrage nach dem anderen Gut i. Die Stärke der Interdependenz misst die Kreuzpreiselastizität ($\varepsilon_{x_i p_j}$). Sie berechnet sich als:

$$\varepsilon_{x_i p_j} = \frac{dx_i}{x_i} : \frac{dp_j}{p_j} = \frac{dx_i}{dp_j} * \frac{p_j}{x_i}.$$

Für substituierbare Güter nimmt die Kreuzpreiselastizität stets positive Werte an.

Stehen dagegen die Güter in einem festen Verhältnis zueinander, gibt es auch keine alternativen Gütermengenkombinationen, die den gleichen Nutzen stiften. Die Indifferenzkurven schrumpfen auf einen Punkt, d. h. jeder Gütermengenkombination kann ein konkreter Nutzenwert zugeordnet werden. Im Fall **komplementärer Güter** nimmt die Kreuzpreiselastizität negative Werte an. Ein Beispiel für diese Art der Güter sind Mobiltelefone und die entsprechenden Handytaschen. Erhöht sich der Preis für Mobiltelefone, dann nimmt auch die Nachfrage nach Handytaschen ab. Um trotzdem das Gesetz der abnehmenden Grenzrate der Substitution anwenden zu können, werden komplementäre Güter als Bestandteile ein und desselben substituierbaren Gutes betrachtet.

2.5.3 Die Einkommenselastizität

Die Einkommens-Konsum-Kurve verdeutlicht den Zusammenhang zwischen dem Einkommen des Haushaltes und der Nachfrage nach einem Gut. Es soll nun untersucht werden, wie sich die Nachfrage nach einem Gut bei steigendem Einkommen verändert. Dazu wird die **Einkommenselastizität** der Nachfrage (ε_{xE}) an einem Punkt bestimmt. Die Einkommenselastizität ist definiert als:

$$\varepsilon_{xE} = \frac{dx_i}{x_i} : \frac{dE}{E} = \frac{dx_i}{dE} * \frac{E}{x_i}.$$

Tabelle 2.3: Güterart und Einkommenselastizität

Güterart	Einkommenselastizität
absolut inferior	$\varepsilon_{xE} < 0$
unabhängig	$\varepsilon_{xE} = 0$
relativ inferior	$0 < \varepsilon_{xE} < 1$
neutral	$\varepsilon_{xE} = 1$
absolut superior	$\varepsilon_{xE} > 1$

Je nach Gütertyp verändert sich die Nachfrage mit dem Einkommen (vgl. Tabelle 2.3). Entsprechend kann die Einkommenselastizität der Nachfrage positive oder negative Werte annehmen.

2.6 Die Gesamtnachfrage und Nachfrageinterdependenzen

Bisher wurden nur die individuellen Nachfragefunktionen eines Haushalts abgeleitet. Die **Gesamtnachfragefunktion** ergibt sich durch Aggregation der Nachfragefunktionen der einzelnen Haushalte. Indem für jeden Preis die individuellen Nachfragemengen addiert werden, ergibt sich die Gesamtnachfragefunktion.

Der Zusammenhang ist in Abbildung 2.17 dargestellt. Die Menge x_S wird als **Sättigungsmenge** bezeichnet, selbst bei einem Preis von 0 GE ließe sich nicht mehr von dem Gut absetzen.

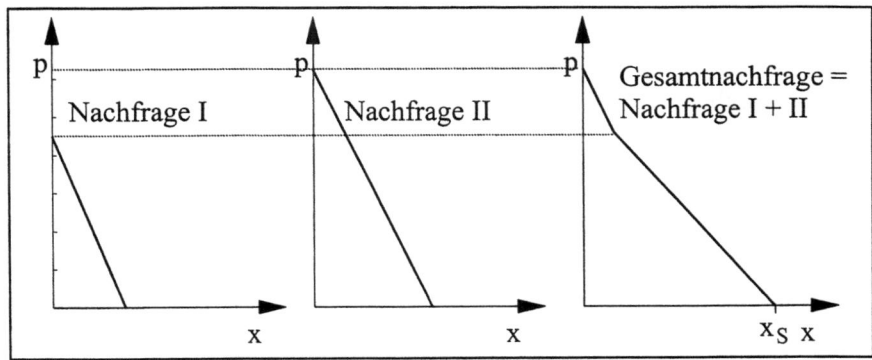

Abbildung 2.17: Die Gesamtnachfrage

Beispiel 2.6: Gesamtnachfragefunktion

Vereinfachend wird angenommen, dass es nur zwei Nachfrager nach Roggenbrot (x_1) gäbe. Nachfolgend sind die Nachfragefunktionen von Frau A und Herrn B angegeben:

(A): $x_1 = 150 - 12p$,   (B): $x_1 = 90 - 10p$.

In Tabelle 2.4 sind die Nachfragemengen von A bzw. B sowie die daraus resultierende Gesamtnachfrage angegeben.

Tabelle 2.4: Gesamtnachfrage nach Roggenbrot

Preis	0	2	4	6	8	10
Nachfrage A	150	126	102	78	54	30
Nachfrage B	90	70	50	30	10	0
Gesamtnachfrage	240	196	152	108	64	30

In der Praxis zeigt sich immer wieder, dass die Nachfrage des einzelnen Haushalts nicht nur vom Preis abhängt, sondern auch von der geschätzten Gesamtnachfrage des Gutes. Je nachdem welche Bedeutung Dritte einem Gut zuordnen, kann sich die Wertschätzung eines Gutes durch den Haushalt verändern. Die neuen Präferenzen verändern die Lage der Indifferenzkurven. Trotz gleicher Preisverhältnisse verändern sich die Haushaltsgleichgewichte. In Abhängigkeit von der Reaktion des einzelnen Haushalts auf die erwartete Gesamtnachfrage werden drei Effekte unterschieden:

- Von einem **Mitläufer-** oder **Bandwagon-Effekt** wird gesprochen, wenn ein Haushalt ein Gut konsumiert, weil andere Haushalte (soziales Umfeld, imageträchtige Gruppe) dies ebenfalls tun. Der Einfluss der Gesamtnachfrage auf die Nachfrage des Gutes ist positiv. Dieser Effekt tritt vor allem auf, wenn ein Haushalt durch den Konsum eines Gutes seine Zugehörigkeit zu einer Gruppe signalisieren will (Fanartikel, Markenartikel, modische Artikel).

- Im Gegensatz dazu kann häufig auch ein negativer Einfluss von der Gesamtnachfrage auf die Nachfrage eines Gutes ausgehen. Weil Dritte ein Gut stärker nachfragen, wird es vom Haushalt weniger präferiert. Es handelt sich dabei um einen **Snob-Effekt**. Er entsteht dadurch, dass der Haushalt exklusive Güter, die ihn vom Durchschnitt unterscheiden, im Gegensatz zu anderen stark präferiert.

- Der **Prestige-** oder **Veblen-Effekt** entsteht, wenn für Haushalte der Nutzen eines Gutes mit dem Preis, den Nicht-Käufer vermuten, steigt. Die Nachfragefunktion eines solchen Prestige-Gutes zeigt dann (zumindest in einem Bereich) einen atypischen Verlauf, da mit steigendem Preis die Nachfrage zunimmt. Die Nachfragefunktion gleicht der eines Giffen-Gutes, wobei die Ursachen vollkommen gegensätzlich sind.

2.7 Das Faktorangebot des Haushalts

Die vorhergehenden Abschnitte haben sich mit Fragen der Verwendung des Einkommens beschäftigt. In diesem Abschnitt werden nun einige grundsätzliche Überlegungen zum Faktorangebot und damit zur Einkommensentstehung des Haushaltes vorgestellt.

Der Haushalt verfügt in der Regel über die Produktionsfaktoren Arbeit und Kapital. Für den durchschnittlichen Haushalt ist die Bedeutung des Faktors Arbeit zur Einkommenserzielung wesentlich größer als die des Faktors Kapital. Aus diesem Grund beschränken sich die Überlegungen im Folgenden auf die Ermittlung eines optimalen Konsumplans unter Berücksichtigung des Arbeitslohns und der Arbeitszeit.

Arbeitseinkommen erfordert vom Haushalt den Einsatz von Arbeitszeit (A). Arbeitszeit ist gleichzusetzen mit dem Verzicht auf Freizeit (F). Neben dem Einkommen, das er aus Arbeitsleistung erzielt, ist auch Freizeit ein Gut, das der Haushalt präferiert. Da unterstellt wird, dass der einzelne Haushalt keinen Einfluss auf den herrschenden Lohnsatz (w) ausüben kann, hängt sein Arbeitseinkommen nur von der Menge der eingebrachten Arbeitszeit ab. Wird davon ausgegangen, dass der Haushalt 8 Stunden zur Regeneration benötigt, kann er täglich über 16 Stunden disponieren. In dieser Zeit kann er entweder arbeiten, um Einkommen zu erzielen, das er zum Erwerb anderer Güter einsetzen kann, oder er nimmt Freizeit. Es gilt:

$$E = w * A = w(1 - F).$$

Der Haushalt kann den Nutzen, der ihm aus jeder **Einkommens-Freizeit-Kombination** zufließt, in einer Nutzenfunktion abbilden. Sie lässt sich formulieren als:

$$U = f(E, F).$$

In Abhängigkeit von den individuellen Präferenzen des Haushalts gestaltet sich dessen Nutzenfunktion und damit der Verlauf seiner Indifferenzkurven. Da der rationale Haushalt an einer Optimierung seines Nutzens interessiert ist, muss er seinen Nutzen unter der Nebenbedingung der Einkommensrestriktion maximieren. Die Steigung seiner Budgetlinie ergibt sich aus der 1. partiellen Ableitung der Einkommensgleichung nach der Freizeit und lautet:

$$\frac{d(w * A)}{dF} = -w.$$

Maximal kann der Haushalt 16 Stunden Freizeit pro Tag erhalten; in Abhängigkeit vom jeweiligen Lohnsatz lässt sich somit sein Einkommen, als Opportunitätskosten der Freizeit, ermitteln. Graphisch ist der Zusammenhang in Abbildung 2.18 dargestellt.

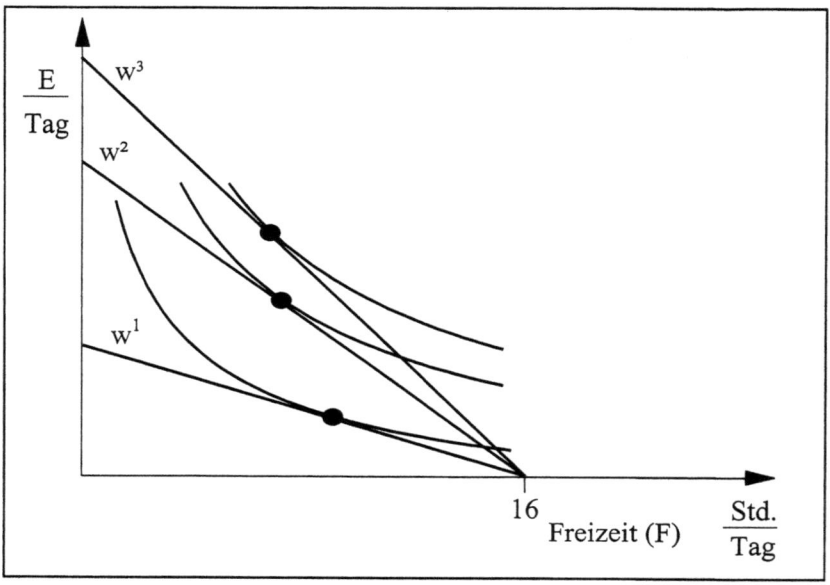

Abbildung 2.18: Bestimmung der optimalen Arbeitszeit

In Abhängigkeit vom Lohnniveau ($w^3 > w^2 > w^1$) ergeben sich unterschiedliche Tageseinkommen. Am höchsten ist das Einkommen, wenn die Freizeit Null Stunden beträgt, d. h. die Bilanzgerade die Ordinate schneidet. Entsprechend tangiert jede steiler verlaufende Bilanzgerade höhere Indifferenzkurven. Der Nutzen, den der Haushalt realisieren kann, nimmt mit steigendem Lohn, d. h. Einkommen, zu. Werden die einzelnen Tangentialpunkte miteinander verbunden und in ein Lohnsatz-Arbeitszeit-Diagramm übertragen, ergibt sich die **Arbeitsangebotskurve**. Es zeigt sich, dass der Haushalt bei höherem Lohnsatz mehr Arbeit anbietet, denn die Opportunitätskosten der Freizeit nehmen mit steigendem Lohnsatz zu.

Dies muss jedoch nicht immer der Fall sein, denn wesentlich für den Verlauf der Arbeitsangebotskurve ist der Verlauf der Indifferenzkurven. So können Haushalte mit einer starken Freizeitpräferenz durchaus bei steigendem Lohnsatz weniger Arbeit anbieten. Angesichts der unterschiedlichen möglichen Zusammenhänge zwischen Lohnsatz und Arbeitsangebot besteht eine Annahme darin, dass die Arbeitsangebotskurve in verschiedenen Bereichen unterschiedlich verläuft und damit den in Abbildung 2.19 dargestellten Verlauf nimmt.

Bei sehr niedrigem Lohnsatz muss der Haushalt sein Arbeitsangebot bis zum äußersten ausdehnen, um überhaupt sein Existenzminimum zu sichern. Ausgehend von diesem Lohnniveau wird mit steigendem Lohnsatz das Arbeitsangebot zunächst zurückgehen. Erst wenn der Lohn weiter steigt, zwischen Punkt U und Punkt O, wird der Haushalt wieder mehr Arbeit anbieten, damit er sich ein gewisses Maß an Luxus leisten kann.

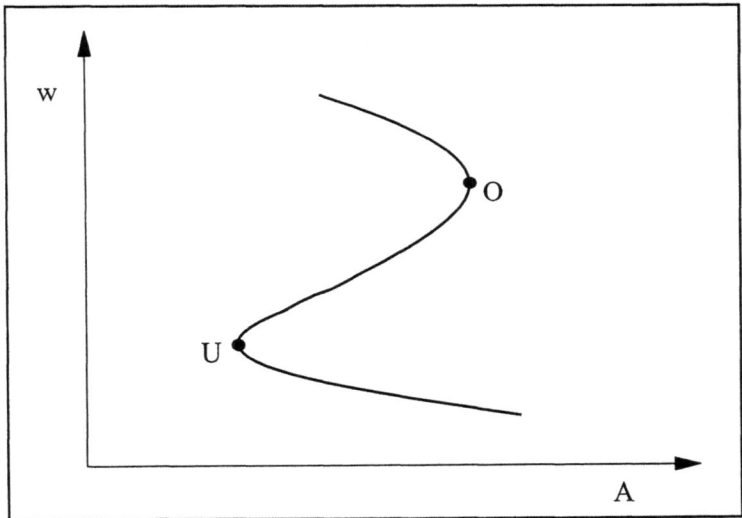

Abbildung 2.19: Arbeitsangebotskurve

Geht der Lohnsatz über Punkt O hinaus, wird das Arbeitsangebot rückläufig sein, weil die Freizeitinteressen dann stärker ins Gewicht fallen. Da der Lohnsatz bekanntlich nicht vom einzelnen Haushalt zu beeinflussen ist, verdeutlicht sich an der Arbeitsangebotskurve auch der Entwicklungsstand einer Volkswirtschaft. Allgemein lässt sich sagen, je höher der Entwicklungsstand einer Volkswirtschaft ist, umso höher sind die Löhne und umso relevanter ist der obere Bereich der Arbeitsangebotskurve.

Übungsaufgaben zum 2. Kapitel

Aufgabe 2.1:
Unterscheiden Sie die kardinale von der ordinalen Nutzentheorie.

Aufgabe 2.2:
Wie lässt sich eine Indifferenzkurve ableiten und welchen Zusammenhang stellt sie dar?

Aufgabe 2.3:
Was besagt das 1. Gossensche Gesetz und welche Konsequenzen ergeben sich daraus?

Aufgabe 2.4:

Gegeben sei die Nutzenfunktion $U = x_1^{0,8} * x_2^{0,7}$. Berechnen Sie den Grenznutzen für Gut 1 und Gut 2, wenn von beiden Gütern jeweils 10 Einheiten konsumiert werden. Wie hoch ist der Gesamtnutzen. Interpretieren Sie Ihre Ergebnisse.

Aufgabe 2.5:

Berechnen Sie die Grenzrate der Substitution für die Nutzenfunktion $U = x_1^{0,8} * x_2^{0,7}$, wenn von beiden Faktoren jeweils 10 Einheiten eingesetzt werden. Interpretieren Sie ihr Ergebnis. Was besagt das Gesetz der abnehmenden Grenzrate der Substitution?

Aufgabe 2.6:

Gegeben sei die Nutzenfunktion $U = x_1^{0,5} * x_2^{0,5}$. Gut 1 kostet 10 GE je Einheit, Gut 2 15 GE je Einheit. Dem Haushalt stehen 300 GE zur Verfügung, die er vollständig für den Kauf der beiden Güter ausgibt. Bestimmen Sie sein Haushaltsoptimum. Wie wirkt sich eine Preiserhöhung auf das Gleichgewicht aus?

Aufgabe 2.7:

Was besagt das 2. Gossensche Gesetz?

Aufgabe 2.8:

Was wird unter dem Einkommenseffekt, was unter dem Substitutionseffekt verstanden?

Aufgabe 2.9:
Welcher Zusammenhang wird mittels der Engelschen Kurve dargestellt?

Aufgabe 2.10:
Definieren Sie die Begriffe: Preiselastizität und Kreuzpreiselastizität.

Aufgabe 2.11:
Gegeben sei die Nachfragefunktion $x = 200 - 5p$, berechnen Sie die Preiselastizität der Nachfrage, wenn der Preis 20 GE beträgt. Würden Sie eine Preiserhöhung empfehlen?

Aufgabe 2.12:
Welcher Zusammenhang wird zwischen der Lohnhöhe und dem Arbeitsangebot unterstellt?

3. Produktionstheorie

Im Wirtschaftskreislauf übernehmen die Unternehmen zwei wichtige Aufgaben. Einerseits setzen sie **Faktorleistungen** ein, die sie bei den Haushalten nachfragen (Arbeit, Kapital). Dafür zahlen sie den Haushalten Arbeits- bzw. Besitzeinkommen. Anderseits produzieren die Unternehmen Güter, die sie den Haushalten anbieten. Für das Entstehen von Unternehmen gibt es verschiedene ökonomische Gründe.

Ein-Personen-Unternehmen entstehen immer dann, wenn eine Person einen **komparativen** (vergleichsweisen) **Vorteil** in der Herstellung von Gütern hat. Ist dies der Fall, dann ist es für den Haushalt vorteilhaft, solche Güter über den eigenen Bedarf hinaus zu produzieren, anderen Haushalten zum Kauf anzubieten und selbst jene Güter nachzufragen, in deren Herstellung er komparative Nachteile hat. Angeborene oder erworbene Fähigkeiten sind der Grund für das Entstehen komparativer Vorteile. Es sind demnach nicht die absoluten Produktionsvorteile, sondern nur die relativen Vorteile, die zur Aufgabenteilung führen. Beispiel 3.1 verdeutlicht den Zusammenhang.

Beispiel 3.1: Komparative Kostenvorteile

Frau C ist handwerklich geschickt. Innerhalb einer Stunde kann sie 25 m^2 Wände tapezieren oder 5 m^2 Fliesen stellen. Herr D ist weniger geschickt. Innerhalb einer Stunde kann er 16 m^2 tapezieren oder 4 m^2 Fliesen stellen (vgl. Tabelle 3.1).

Tabelle 3.1: Komparative Kostenvorteile

Person	Tapete m^2/Std.	Fliesen m^2/Std.	Verhältnis Tapete/Fliesen	Verhältnis Fliesen/Tapete
C	25	5	25/5 = 5	5/25 = 0,20
D	16	4	16/4 = 4	4/16 = 0,25

Herr D hat sowohl beim Tapezieren als auch beim Fliesen einen absoluten Nachteil. Trotzdem besitzt er beim Fliesen einen komparativen Vorteil, denn in der Zeit, in der er einen m^2 tapeziert, kann er mehr Fliesen legen als C in der Zeit, in der sie einen m^2 tapeziert. Für Frau C, die gegenüber Herrn D einen komparativen Vorteil beim Tapezieren hat, ist es vorteilhaft, sich auf diese Tätigkeit zu spezialisieren. Herr D sollte sich auf das Fliesen konzentrieren, was er relativ besser kann als tapezieren.

Komparative Vorteile sind der Grund, weshalb Ein-Personen-Unternehmen entstehen, sie lassen sich jedoch nicht zur Erklärung der Existenz von Mehr-Personen-Unternehmen heranziehen. Deren Gründung ist auf die technischen Vorteile der Arbeitsteilung zurückzuführen. Indem die Spezialisierungsvorteile der Arbeitsteilung genutzt werden, sind Mehr-Personen-Unternehmen in der Lage, mehr als die Summe der durch Einzelunternehmen erzeugbaren Leistung zu produzieren. Ein weiterer Vorteil ergibt sich durch die organisatorische Zusammenfassung trennbarer Tätigkeiten in einer organisatorischen Einheit. Zwar ließe sich jede einzelne Leistung eines Unternehmens über den Markt beschaffen, dies verursacht jedoch **Transaktionskosten** (= alle Kosten die im Zusammenhang mit Vertragsabschlüssen entstehen). So lange die internen Koordinationskosten eines Unternehmens niedriger sind als die Transaktionskosten am Markt, haben Mehr-Personen-Unternehmen einen Kostenvorteil gegenüber Ein-Personen-Unternehmen.

Unternehmen produzieren Konsumgüter, Zwischenprodukte, Investitionsgüter oder Dienstleistungen, im Folgenden als Güter bezeichnet, die sie am Markt anbieten. Da Investitionsgüter wiederum zur Erzeugung von Konsumgütern eingesetzt werden, ist jedes Unternehmen direkt oder indirekt an der Versorgung der privaten Haushalte beteiligt und entsprechend von deren Nachfrage abhängig.

Zur Herstellung ihrer Güter setzen die Unternehmen **Produktionsfaktoren** ein. Die Unternehmen sind bestrebt, ihren Nutzen, der in diesem Fall dem langfristigen Gewinn entspricht, zu maximieren. Dabei werden dem Oberziel der Gewinnmaximierung alle anderen Unternehmensziele, wie etwa der Erhalt der Wettbewerbsfähigkeit oder die Marktanteilsmaximierung, untergeordnet. Voraussetzung für die Gewinnmaximierung ist die Beantwortung zweier zentraler Fragen, nämlich:

1. Welche Güter sollen in welcher Menge produziert werden?

2. Welche Produktionsfaktoren sollen in welchen Mengen eingesetzt werden?

Im Rahmen der Produktionstheorie wird im Wesentlichen von folgenden vereinfachenden Annahmen ausgegangen:

- Die Unternehmung ist eine homogene Entscheidungseinheit, d.h. es gibt keine Koordinierungsprobleme zwischen den einzelnen Einheiten.
- Das Unternehmen verfügt über vollkommene Information und stellt nur ein Produkt her.
- Die Preise für Produktionsfaktoren einerseits und die Absatzpreise der Güter andererseits können vom Unternehmen nicht beeinflusst werden, denn die Unternehmen agieren in vollkommenen Märkten.
- Die Produktionsmenge entspricht der Absatzmenge. Auch stimmen beschaffte und in die Produktion eingesetzte Gütermenge überein. Lagerhaltungsprobleme können demnach nicht auftreten.
- Das Unternehmen wird durch externe Effekte weder bevorzugt noch benachteiligt. Von einem **positiven externen Effekt** (oder externer Ersparnis) wird gesprochen, wenn das Unternehmen einen Vorteil gegenüber anderen Unternehmen der gleichen Branche erhält, ohne dass es dafür zahlen muss. Von einem **negativen externen Effekt** (oder externen Kosten) wird gesprochen, wenn dem Unternehmen ein Nachteil entsteht, für den es finanziell aufkommen muss.

3.1 Die Produktionsfunktion

Zur Herstellung ihrer Güter können die Unternehmen auf freie oder auf wirtschaftliche Güter zurückgreifen. **Wirtschaftliche Güter** zeichnen sich dadurch aus, dass sie knapp sind und einen Preis haben. **Freie Güter**, wie Luft, Straßen, Rechtsschutz, sind dagegen unbegrenzt verfügbar und haben keinen Preis. Der Einsatz freier Güter verursacht für die Unternehmung, im Gegensatz zur Nutzung wirtschaftlicher Güter, keine direkten Kosten. Sie bleiben deshalb zumeist in den Produktionsfunktionen unberücksichtigt, obwohl sie für die Leistungserstellung durchaus relevant sein können und auch über Steuern finanziert werden.

Produktionsfaktoren können auch hinsichtlich der Wechselwirkung zwischen Faktoreinsatz- und Produktionsmenge unterschieden werden. Ist die Einsatzmenge eines Produktionsfaktors unabhängig von der Produktionsmenge, dann wird dieser als **fixer Faktor** bezeichnet. Beim **variablen Faktor** ist die Einsatzmenge dagegen von der Produktionsmenge abhängig.

Allgemein wird die Herstellung von Gütern, als Ergebnis der Kombination von Produktionsfaktoren, als **Produktion** bezeichnet, unabhängig von der Art der erzeugten Güter. Der funktionale Zusammenhang zwischen den Faktoreinsatzmengen (= Input) und dem Produktionsergebnis (= Output) wird durch die **Produktionsfunktion** oder **Gesamtertragsfunktion** beschrieben. Primär hat die Produktionsfunktion einen technischen Charakter, da sie die technischen Zusammenhänge bei der Erzeugung der Güter reflektiert. Entsprechend setzt jede Produktionsfunktion den Einsatz einer bestimmten Produktionstechnik voraus. Diese wird innerhalb des Untersuchungszeitraums als gegeben, das heißt konstant, betrachtet. Bedingung einer jeden Produktionsfunktion ist die effiziente Nutzung der eingesetzten Technik. Die ist dann gewährleistet, wenn die vorhandenen Produktionsmöglichkeiten voll ausgenutzt werden. In diesem Fall wird keine Faktoreinheit eingesetzt, ohne dass es zu einer Outputsteigerung kommt. Setzt das Unternehmen neue bzw. veränderte Technologie im Unternehmen ein, dann tritt an die Stelle der ursprünglichen Produktionsfunktion eine neue Produktionsfunktion mit veränderten Leistungsparametern. Indem sich ein Unternehmen für eine bestimmte Produktionstechnik entscheidet, legt es auch seine Produktionsfunktion fest.

Die Produktionsfunktion stellt den Zusammenhang zwischen dem Einsatz der verschiedenen Produktionsfaktoren v_i (mit i = 1, 2, 3,..., n) und der erzeugten Menge eines konkreten Gutes (x) her. Für nicht-negative Inputmengen von v_i lässt sich die Produktionsfunktion wie folgt schreiben:

$$x = f(v_1, v_2, v_3, ... v_n).$$

Aufgrund der unterschiedlichen technisch bedingten Interdependenzen zwischen den Produktionsfaktoren können verschiedene Typen von Produktionsfunktionen unterschieden werden (vgl. Abbildung 3.1).

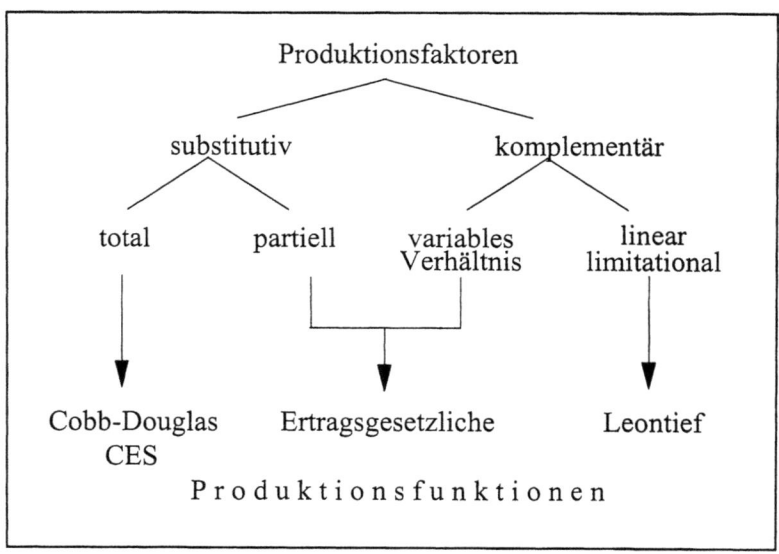

Abbildung 3.1: Systematik der Produktionsfunktionen

Können die Produktionsfaktoren im Produktionsprozess gegeneinander ausgetauscht werden, was die Teilbarkeit der Faktoren voraussetzt, dann handelt es sich um **substitutionale Produktionsfunktionen**. Diese lassen sich hinsichtlich der Möglichkeit des Austauschs unterscheiden in **total** (= unbegrenzt) und **partiell** (= begrenzt) substitutionale Funktionen. Komplementäre Produktionsfaktoren bilden die Grundlage der limitationalen Produktionsfunktionen. Im Fall fester Einsatzverhältnisse führt dies zu **linear limitationalen** Produktionsfunktionen. Ist dagegen nur festgelegt, dass bestimmte Faktoren in ein Produkt eingehen müssen, ohne die Relationen zwischen diesen festzuschreiben, dann wird dieser Zusammenhang in einer **partiell limitationalen** Produktionsfunktion abgebildet.

3.1.1 Die substitutionalen Produktionsfunktionen

Eine Vielzahl von Produktionsfunktionen beschreibt die substitutionalen Beziehungen zwischen den Inputfaktoren. Normalerweise wird die Austauschbeziehung nicht vollständig, sondern nur partiell sein, da auf die Faktoren Arbeit und Kapital kaum ganz verzichtet werden kann. Trotz dieser Einschränkung stehen der Makroökonomie eine Reihe von neoklassischen

Produktionsfunktionen zur Beschreibung der gesamtwirtschaftlichen Produktionsbeziehungen zur Verfügung. Die neoklassischen Funktionen werden hinsichtlich ihrer Substitutionselastizität unterschieden. Die **Substitutionselastizität** (ε_S) ist definiert als Quotient aus relativer Änderung des Faktoreinsatzverhältnisses bezogen auf eine relative Änderung der Grenzrate der Substitution. Es gilt:

$$\varepsilon_S = \frac{\text{relative Änderung des Faktoreinsatzverhältnisses}}{\text{relative Änderung der Grenzrate der Substitution}}$$

In Punkt 3.1.1.1 zeigt sich, dass sich die Substitutionselastizität auch als Quotient der relativen Änderung des Faktoreinsatzverhältnisses und der relativen Änderung des Faktorpreisverhältnisses ergibt. Eine Substitutionselastizität von 1 hat die **Cobb-Douglas-Produktionsfunktion**, die häufig in empirischen Untersuchungen als gesamtwirtschaftliche Produktionsfunktion eingesetzt wird. Die Funktion hat die Form:

$$x = a * v_1^b * v_2^{1-b} \quad \text{mit} \quad a < 0 \quad \text{und} \quad b < 0 < 1.$$

Für **CES-Funktionen** (Constant Elasticity of Substitution) gilt allgemein ε_S = konstant. Da die Substitutionselastizität Werte zwischen $0 \leq \varepsilon_S \leq \infty$ annehmen kann, stellt die Cobb-Douglas-Funktion mit $\varepsilon_S = 1$ einen Spezialfall einer CES-Funktion dar. Ein anderer Spezialfall, die limitationale Leontief-Funktion, ist dann gegeben, wenn $\varepsilon_S = 0$ ist. CES-Funktionen haben die Form:

$$x = a \left\{ b * v_1^{-c} + (1-b) * v_2^{-c} \right\}^{-\frac{1}{c}}$$

mit $a < 0$ und $b < 0 < 1$ und $-1 \leq c \leq \infty$.

Die Klassiker unter den Nationalökonomen arbeiteten mit der substitutionalen ertragsgesetzlichen Produktionsfunktion, auf die später eingegangen wird.

3.1.1.1 Die partielle Faktorvariation

Von einer partiellen Faktorvariation wird dann gesprochen, wenn nur einer der Produktionsfaktoren variiert wird, während die Einsatzmengen der anderen Faktoren unverändert bleiben. Partielle Faktorvariationen werden vorgenommen, um den Einfluss eines Faktors auf das Produktionsergebnis genau zu beleuchten. In diesem Abschnitt wird von einer partiell substitutionalen Produktionsfunktion ausgegangen. Somit gilt:

$$x = v_1 * v_2^b \quad \text{mit} \quad 0 < b < 1.$$

Zunächst soll aber der Zusammenhang zwischen den beiden Inputfaktoren v_1 bzw. v_2 und dem Output veranschaulicht werden. Wird der Zusammenhang geometrisch dargestellt, dann ergibt sich das **Ertragsgebirge** (vgl. Abbildung 3.2). Es wird deutlich, dass sich der Output in Abhängigkeit der Einsatzmengen der beiden Produktionsfaktoren entwickelt. Unter der Voraussetzung der technischen Effizienz erweisen sich alle Erträge unterhalb der Oberfläche als ineffizient, da sich mit gleichen Inputmengen höhere Erträge erzielen lassen.

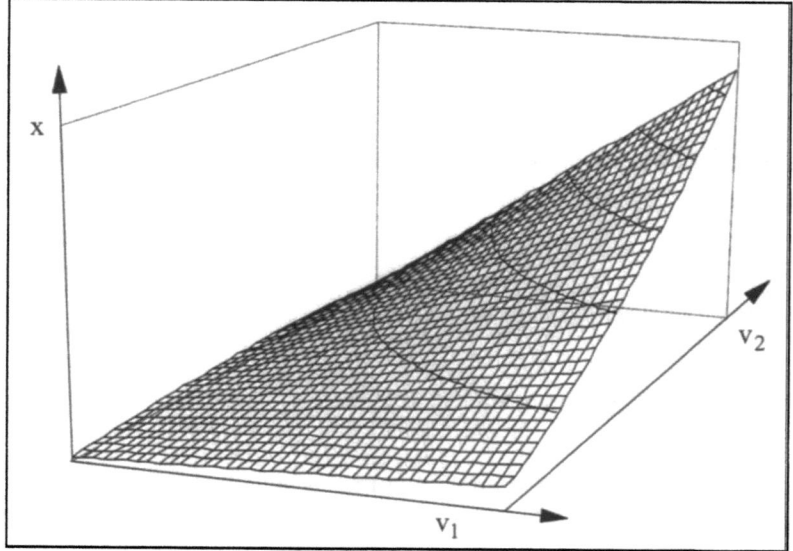

Abbildung 3.2: Das Ertragsgebirge

Werden senkrechte Schnitte zur Grundfläche des Ertragsgebirges getätigt, dann entstehen die **partiellen Ertragskurven** für den jeweiligen Faktor. Sie stellen die Ertragsentwicklung in Abhängigkeit von nur einem Faktor, bei Konstanz des anderen Faktors, dar.

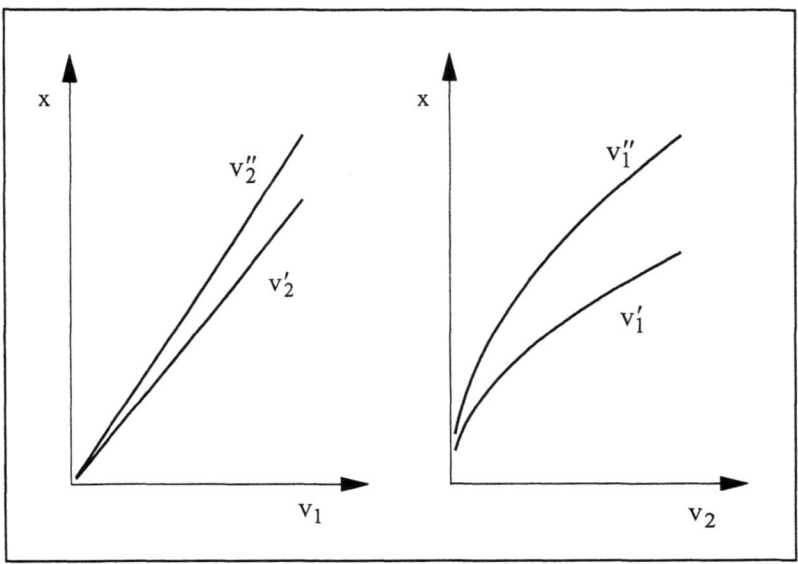

Abbildung 3.3: Die partiellen Ertragskurven

Wie in Abbildung 3.3 zu erkennen ist, können die partiellen Ertragskurven ganz unterschiedlich verlaufen. Während die Erträge in Abhängigkeit von Faktor v_1 linear zunehmen, weisen die Erträge mit steigendem Einsatz von v_2 abnehmende Zuwachsraten auf. Generell werden in einem technisch effizienten Prozess die partiellen Ertragskurven stets steigen. Da die Erträge auch vom Niveau des konstanten Faktors abhängen gilt, dass eine partielle Ertragskurve umso weiter vom Ursprung entfernt verläuft, je mehr vom konstanten Faktor eingesetzt wird ($v_1'' > v_1'$ bzw. $v_2'' > v_2'$).

Die Steigung der partiellen Ertragskurven bezeichnet man als **Grenzproduktivität** ($\hat{x}_i$) oder **Grenzertrag** (vgl. Abbildung 3.4). Obwohl Unterschiede bestehen, sollen die beiden Begriffe, in Anlehnung an den angelsächsischen Sprachgebrauch, nicht weiter unterschieden werden. Die Grenzproduktivität gibt an, welcher Ertragszuwachs auf den Einsatz der letzten Inputeinheit zurückzuführen ist. Sie kann positive oder negative Werte annehmen.

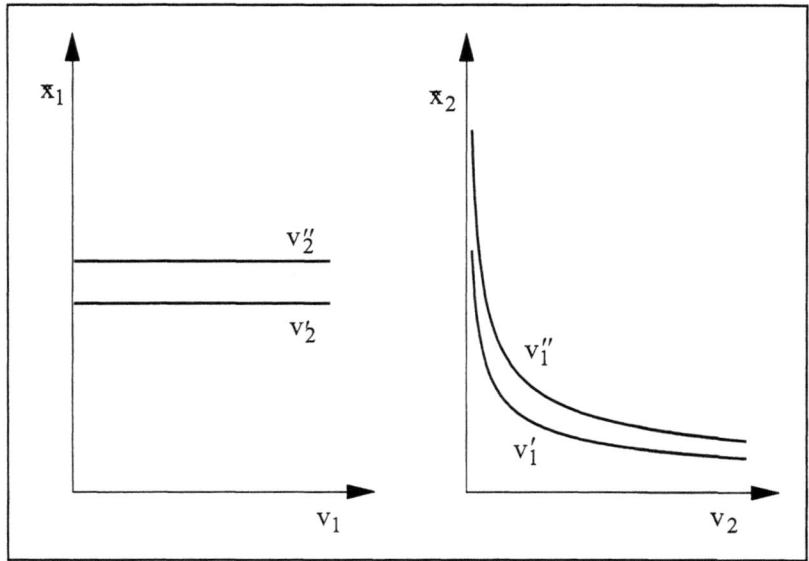

Abbildung 3.4: Die Grenzproduktivität

Formal ergibt sich die Grenzproduktivität ($\hat{x}_i$) als erste partielle Ableitung der Produktionsfunktion nach dem Faktor i. Es gilt:

$$\hat{x}_i = \frac{\partial x}{\partial v_i}.$$

Faktor v_1 weist eine konstante Grenzproduktivität auf, d. h. unabhängig von der eingesetzten Menge von v_1 erbringt jede Einheit den gleichen zusätzlichen Ertrag. Dessen Höhe variiert jedoch mit der eingesetzten Menge des anderen Faktors. Faktor v_2 weist dagegen fallende Grenzerträge auf. Je mehr von v_2 eingesetzt wird, umso geringer ist der Ertragszuwachs, den eine zusätzlichen Einheit v_2 erbringt. Es wird deutlich, dass die beiden Faktoren höchst unterschiedlich auf den Ertrag wirken.

Dividiert man den Ertrag durch die Menge eines eingesetzten Faktors i, dann ergibt sich der **Durchschnittsertrag** ($\varnothing x_i$) bzw. die **durchschnittliche Faktorproduktivität**. Er berechnet sich als:

$$\varnothing x_i = \frac{x}{v_i}.$$

Der Quotient gibt an, wie viele Outputeinheiten mit einer Einheit des Produktionsfaktors erzeugt werden können. Die Information, wie viele Einheiten eines Faktors notwendig sind, um eine Einheit des Gutes zu erzeugen, liefert der **Produktionskoeffizient** ($\bar{v}_i$). Er entspricht dem Kehrwert des Durchschnittsertrags. Der formale Zusammenhang lautet:

$$\bar{v}_i = \frac{v_i}{x} = \frac{1}{\varnothing x_i}.$$

Es ist die **Produktionselastizität** (ε_{xv_i}), die den Einfluss einer Änderung des Inputs auf den Output beschreibt. Die Produktionselastizität ist eine dimensionslose Größe, die der relativen Änderung eines Inputfaktors die relative Änderung des Ertrags gegenüberstellt. Sie berechnet sich als:

$$\varepsilon_{xv_i} = \frac{\frac{\partial x}{x}}{\frac{\partial v_i}{v_i}} = \frac{\partial x}{\partial v_i} * \frac{v_i}{x}.$$

Ein horizontaler Schnitt durch das Ertragsgebirge ergibt eine Linie, entlang der alle Faktorkombinationen zur gleichen Produktionsmenge führen. Werden die Punkte in ein $v_1 v_2$-Koordinatensystem übertragen, ergibt sich eine **Isoquante**, der geometrische Ort aller Input-Kombinationen die zum gleichen Output führen (siehe Abbildung 3.5). Je weiter eine Isoquante vom Koordinatenursprung entfernt ist, umso höher ist der Ertrag, den sie repräsentiert ($x' < x'' < x'''$). Isoquanten können sich niemals schneiden, da es technisch nicht möglich ist, mit einer konkreten Faktormengenkombination zwei unterschiedliche Ertragsmengen zu generieren.

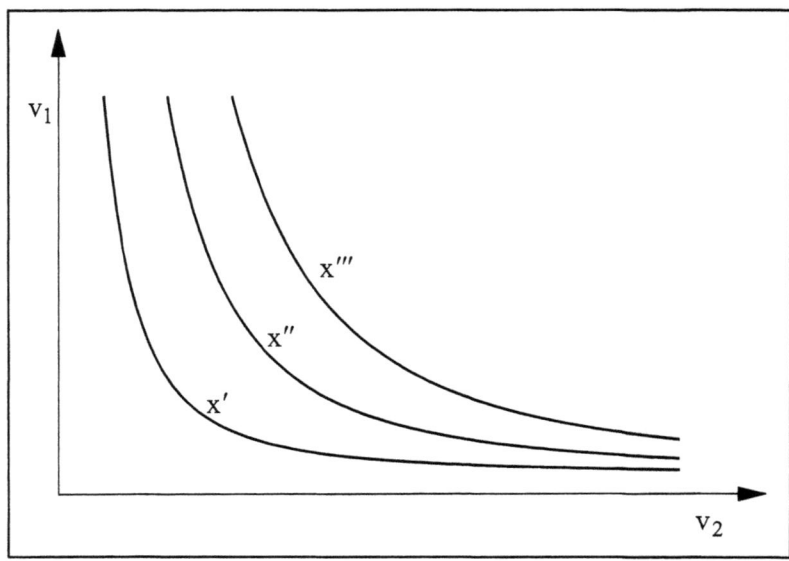

Abbildung 3.5: Die Isoquanten

Welche Inputkombinationen zum gleichen Ertrag führen, kann durch die **Isoquantengleichung** bestimmt werden. Sie ergibt sich durch Auflösen der Gesamtertragsfunktion nach einem der Inputfaktoren. Die Isoquanten machen deutlich, dass ein Unternehmen unzählige Optionen zur Erzeugung einer konkreten Produktionsmenge hat. Diese Auswahlmöglichkeit ist es, die den großen Vorteil der substitutionalen Produktionsfunktionen ausmacht. In der betrieblichen Praxis zeigt sich, dass die Austauschbarkeit der Einsatzfaktoren mit dem Planungszeitraum zunimmt. Während kurzfristig die Einsatzmengenverhältnisse der Faktoren zumeist festliegen, sind sie langfristig zumindest in gewissem Umfang variabel.

Analog zu den Überlegungen der Haushaltstheorie wird die betragsmäßige Steigung der Isoquante als **Grenzrate der technischen Substitution** (GTS) bezeichnet, die das Austauschverhältnis der beiden Inputfaktoren wiedergibt. Im Fall konvex verlaufender Isoquanten entspricht die Grenzrate der technischen Substitution des Faktors 2 durch den Faktor 1 dem umgekehrten Verhältnis der Grenzproduktivitäten. Formal ergibt sich demnach die Grenzrate der technischen Substitution als:

$$GTS_{21} = -\frac{dv_2}{dv_1} = \frac{\frac{\partial x}{\partial v_1}}{\frac{\partial x}{\partial v_2}}.$$

Da positive Grenzerträge die Voraussetzung einer effizienten Produktion sind, muss eine Reduzierung der Einsatzmenge des einen Faktors durch einen Mehreinsatz des anderen Faktors ausgeglichen werden. In der Praxis zeigt sich für die Produktionsfaktoren Arbeit und Kapital, dass die Menge an Kapital die nötig ist, um fortschreitend Arbeit zu ersetzen, stetig zunimmt.

Beispiel 3.2: Die substitutionale Produktionsfunktion

Unternehmerin A hat einen Auftrag zur Lieferung von 100 Einheiten des Gutes erhalten. Sie hat verschiedene Alternativen, ihr Produkt herzustellen. Ihr Produktionsfunktion bzw. ihre Isoquantengleichung lautet:

$$x = v_1^{0,8} * v_2^{0,2}.$$

$$v_1 = \left(\frac{x}{v_2^{0,2}}\right)^{1,25}.$$

Es zeigt sich, dass die Isoquante der Cobb-Douglas-Funktion konvex zum Ursprung verläuft, das Gesetz der abnehmenden Grenzproduktivität mithin Gültigkeit hat. In Tabelle 3.2 wurden einige Alternativen zur Produktion von 100 Gütereinheiten ($x = 100$) berechnet.

Tabelle 3.2: Faktoralternativen zur Produktion von 100 Gütereinheiten:

v_1	316,23	177,83	100,00	66,87	56,23	37,61
v_2	1	10	100	500	1000	5000

Es ist gut zu erkennen, dass je weniger von einem Faktor eingesetzt wird, es umso schwerer wird, diesen Faktor weiter zu ersetzen. Frau A überlegt, den Output durch Einsatz von 10 Einheiten v_2 und 177,83 Einheiten v_1 zu erzeugen. Deshalb möchte sie ermitteln, wie produktiv der Faktor v_2 ist, wenn von ihm 10 Einheiten eingesetzt werden. Der Durchschnittsertrag beträgt an dieser Stelle:

$$\varnothing x_2 = \frac{x}{v_2} = \frac{100}{10} = 10.$$

Wird die angegebene Faktormengenkombination zur Produktion eingesetzt, dann können mit einer Einheit v_2 durchschnittlich 10 Gütereinheiten hergestellt werden. Als Kehrwert ergibt sich der Produktionskoeffizient des Faktors v_2, der angibt wie viele Einheiten von v_2 nötig sind, um eine Gütereinheit zu produzieren. Frau A berechnet:

$$\frac{1}{\varnothing x_2} = \frac{v_2}{x} = \frac{10}{100} = 0,10.$$

Zur Herstellung einer Produkteinheit werden bei der gegebenen Faktorkombination 0,10 Einheiten v_2 benötigt. Da A auch wissen möchte, welcher zusätzliche Ertrag auf die zuletzt eingesetzte Einheit des Faktors v_2 zurückzuführen ist, berechnet sie die Grenzproduktivität des Faktors. Es ergibt sich:

$$\hat{x}_2 = \frac{\partial x}{\partial v_2} = 0,2 * v_1^{0,8} * v_2^{-0,8}.$$

Werden 10 Einheiten von v_2 und 177,83 Einheiten von v_1 eingesetzt, beträgt die Grenzproduktivität für v_2:

$$\hat{x}_2 = 0,2 * 177,83^{0,8} * 10^{-0,8} = 2,00.$$

Die zuletzt eingesetzte Einheit erbrachte einen zusätzlichen Ertrag von 2 Einheiten. Ausgehend von der bekannten Faktormengenkombination ist Frau A abschließend daran interessiert, welche relative Reaktion bezüglich des Produktionsergebnisses zu erwarten ist, wenn es zu einer relativen Inputänderung des Faktors 2 kommt. Sie ermittelt die Produktionselastizität des Faktors v_2:

$$\varepsilon_{xv_2} = \frac{\frac{\partial x}{x}}{\frac{\partial v_2}{v_2}} = \frac{\partial x}{\partial v_2} * \frac{v_2}{x} = 2{,}00 * 0{,}10 = 0{,}2.$$

Eine 1 %ige Erhöhung der Menge des Faktors v_2 führt demnach zu einer 0,2 %igen Erhöhung des Produktionsergebnisses. Der Output entwickelt sich demnach unterproportional.

3.1.1.2 Die totale Faktorvariation

Werden Veränderungen der Einsatzmengen aller Produktionsfaktoren untersucht, dann handelt es sich um Analysen bei totaler Faktorvariation. Bleibt das Verhältnis der Faktoren zueinander, die **Faktorintensität**, durch die Variation unverändert, dann wird von einer proportionalen Faktorvariation gesprochen. Unter der Voraussetzung gleich bleibender Faktorintensität sollen die Auswirkungen einer relativen Veränderung der Einsatzmengen auf das relative Produktionsergebnis untersucht werden. In Anlehnung an den Begriff der Produktionselastizität wird in diesem Fall von der **Skalenelastizität** (ε_λ) gesprochen. Sie ergibt sich als:

$$\varepsilon_\lambda = \frac{\frac{\partial x}{x}}{\frac{\partial \lambda}{\lambda}} = \frac{\partial x}{\partial \lambda} * \frac{\lambda}{x}.$$

Ausgehend von einer Produktionsfunktion der Form:

$$x = f(v_1, v_2)$$

wird eine bestimmte Menge der Produktionsfaktoren (v_1°, v_2°) mit dem Faktor λ multipliziert. Der neue Ertrag ist somit ein Ergebnis dieser Multiplikation und lässt sich schreiben als:

$$\lambda^h * x^\circ = f(\lambda v_1^\circ, \lambda v_2^\circ).$$

Der Wert h gibt den **Homogenitätsgrad** der Produktionsfunktion an, d. h. er reflektiert die Wirkung der totalen Faktorvariation auf den Output. Es ist nicht zwingend, dass der Homogenitätsgrad einen konstanten Wert annimmt. Verändert sich h in Abhängigkeit vom Produktionsniveau, dann wird die Produktionsfunktion als **inhomogen** bezeichnet. Nimmt h dagegen einen konstanten Wert an, dann ist die Funktion **homogen** und Homogenitätsfaktor und Skalenelastizität entsprechen einander.

Sollte gelten h = 1, dann ist die Produktionsfunktion homogen vom Grade 1 bzw. linear-homogen. Eine Veränderung des Inputs führt zu einer proportionalen Änderung des Outputs. Die Funktion weist konstante Skalenerträge auf. Dementsprechend hat eine linear-homogene Produktionsfunktion eine Skalenelastizität von 1. Es wird dann auch von konstanten Skalenerträgen der Funktion gesprochen. Auf den ersten Blick spricht vieles in der betrieblichen Praxis dafür, dass die Skalenerträge konstant sind. Wird neben einer bestehenden Produktionsanlage eine zweite aufgebaut, dann wird sich aufgrund der Verdoppelung des Inputs eine Verdoppelung des Outputs ergeben. Allerdings ist es fraglich, ob bei einer solchen Entwicklung tatsächlich alle Inputfaktoren bei gleicher Qualität verdoppelt werden könnten, oder sich bereits bestehende Engpässe dann beschränkend auswirken würden. Diese Einwände lassen sich jedoch aufgrund der Modellannahmen (gleich bleibende Faktorqualität, Teilbarkeit der Inputfaktoren u. a.) entkräften.

Es wird immer wieder behauptet, dass sich Prozesse ab einer gewissen Größenordnung schlechter steuern lassen, was dazu führt, dass die Erträge eher unterproportional zunehmen, mithin h < 1 gilt. In diesem Fall bewirkt eine Veränderung des Inputs um λ eine Veränderung des Outputs um $\lambda^h < \lambda$,

$\lambda^h < \lambda$, die Skalenerträge sind abnehmend. Gegen diese Behauptung lässt sich anführen, dass selbst fallende Skalenerträge aufgrund technischer Gegebenheiten durch organisatorische Veränderungen, wie etwa die Verkleinerung der Prozesseinheiten, ausgeglichen werden könnten. Dagegen sind zunehmende Skalenerträge, die mit einem Homogenitätsgrad größer 1 einhergehen, durchaus vorstellbar. Ein höheres Produktionsvolumen beschleunigt die Produktivitätsfortschritte aufgrund positiver Lerneffekte und ermöglicht eine stärkere innerbetriebliche Arbeitsteilung, die ebenfalls zu Produktivitätswachstum führt (vgl. Abbildung 3.6). In den meisten Fällen wird der Homogenitätsgrad der Produktionsfunktionen in einem engen Intervall um h = 1 liegen.

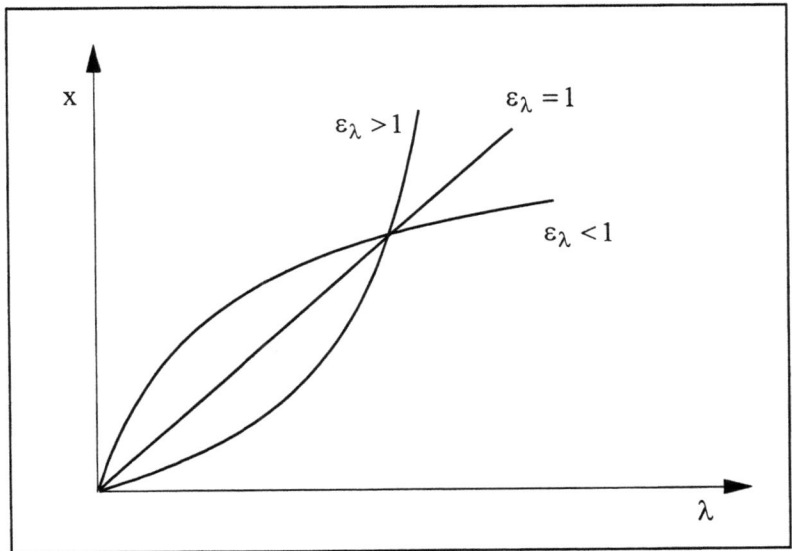

Abbildung 3.6: Skalenerträge

Beispiel 3.3: Homogenitätsgrad und Skalenerträge

> Unternehmerin A möchte ihre Produktionskapazitäten erweitern. Sie hat die Möglichkeit, zwischen zwei verschiedenen technischen Lösungen zu wählen. Die Alternativen kommen in unterschiedlichen Produktionsfunktionen zum Ausdruck. Frau A möchte die Prozesse hinsichtlich ihrer Skalenelastizität untersuchen.

Produktionsfunktion A lautet: $x = v_1^{0,5} * v_2^{0,5}$.

Wird die Funktion mit dem Faktor λ multipliziert, dann ergibt sich:

$$\lambda^h x = *(\lambda v_1)^{0,5} * (\lambda v_2)^{0,5} = \lambda^{0,5} * \lambda^{0,5} \left(v_1^{0,5} * v_2^{0,5} \right) \quad \Rightarrow h = 1.$$

Frau A ermittelt für die Produktionsfunktion A einen Homogenitätsgrad von 1. Wenn die Berechnung korrekt ist, müsste beispielsweise eine Verdoppelung der Inputfaktoren ($\lambda = 2$) zu einer Verdoppelung des Outputs führen. Sie überprüft die Berechnung, indem sie zunächst von einer Faktoreinsatzmengenkombination von $v_1 = 5$ und $v_2 = 8$ ausgeht. Eingesetzt in die Produktionsfunktion erhält sie:

$$x = v_1^{0,5} * v_2^{0,5} = 5^{0,5} * 8^{0,5} = 6,3246.$$

Werden die Inputfaktoren jeweils verdoppelt, dann ist $v_1 = 10$ und $v_2 = 16$. Der Ertrag beträgt dann:

$$x = v_1^{0,5} * v_2^{0,5} = 10^{0,5} * 16^{0,5} = 12,6462.$$

Ihre Berechnungen haben sich als richtig erwiesen, eine Verdoppelung des Inputs führt tatsächlich zu einer Verdoppelung des Outputs. Sie wiederholt ihr Überlegungen für die Produktionsfunktion B.

Produktionsfunktion B lautet: $x = v_1^{0,3} * v_2^{0,5}$.

Für den Homogenitätsgrad ergibt sich:

$$\lambda^h x = (\lambda v_1)^{0,3} * (\lambda v_2)^{0,5} = \lambda^{0,3} * \lambda^{0,5} \left(v_1^{0,3} * v_2^{0,5} \right) \quad \Rightarrow h = 0,8.$$

Produktionsfunktion B hat einen Homogenitätsgrad von 0,8, entsprechend ist die Skalenelastizität abnehmend, eine Verdoppelung des Inputs führt zu weniger als einer Verdoppelung des Outputs.

$$\lambda = 2 \Rightarrow \quad \lambda^h = 2^{0,8} = 1,7411$$

Auch hier wird die Berechnung überprüft und es ergibt sich für $v_1 = 5$ und $v_2 = 8$

$$x = v_1^{0,3} * v_2^{0,5} = 5^{0,3} * 8^{0,5} = 4,5839$$

Eine Verdoppelung des Inputs sollte den Ertrag um das 1,7411fache erhöhen. Das gleiche Ergebnis erhält man auch, wenn der Input verdoppelt ($v_1 = 10$ und $v_2 = 16$) und in die Produktionsfunktion einsetzt:

$$x = 4,5839 * 1,7411 = 7,9810$$
$$x = v_1^{0,3} * v_2^{0,5} = 10^{0,3} * 16^{0,5} = 7,9810.$$

Aufgrund dieser Erkenntnisse findet Unternehmerin A die Produktionsalternative A interessant. Annahmegemäß kann sie mit ihrer Faktornachfrage die Preise nicht beeinflussen. Setzt sie Funktion A ein, dann wird sie mit gleich bleibenden variablen Stückkosten produzieren, da eine prozentuale Veränderung der Inputfaktoren eine identische Erhöhung des Outputs bewirkt. Dagegen muss sie beim Einsatz der Produktionsfunktion B mit steigenden variablen Stückkosten rechnen. Eine endgültige Entscheidung kann sie allerdings erst treffen, wenn alle Kostenkomponenten bestimmt sind.

Abschließend soll die Entwicklung der Grenzproduktivitäten homogener Produktionsfunktionen untersucht werden. Es zeigt sich, dass entlang einer Geraden aus dem Koordinatenursprung das Verhältnis zwischen den Einsatzmengen von v_1 und v_2 konstant ist. Zudem weisen die Isoquanten an diesen Stellen die gleiche Steigung auf, so dass das Verhältnis der Grenzproduktivitäten gleich bleibend ist (vgl. Abbildung 3.7). Mithin ist das Verhältnis der Grenzproduktivitäten allein vom Faktoreinsatzverhältnis, der Faktorintensität, abhängig. Dieser Zusammenhang ist Gegenstand des **Eulerschen Theorems**, wonach die Faktoren einer homogenen Produktionsfunktion entsprechend ihren Grenzproduktivitäten entlohnt werden. Im Fall einer linear homogenen Produktionsfunktion gilt der Spezialfall des **Adding-up-Theorems**. Es besagt, dass bei einer Entlohnung der Faktoren entsprechend ihrem physischen Grenzertrag (= Grenzproduktivität) die Produktionsmenge gerade verteilt würde. Übertragen auf das Preissystem der vollkommenen Konkurrenz bedeutet dies, dass es zu einer gewinnlosen Produktion kommt.

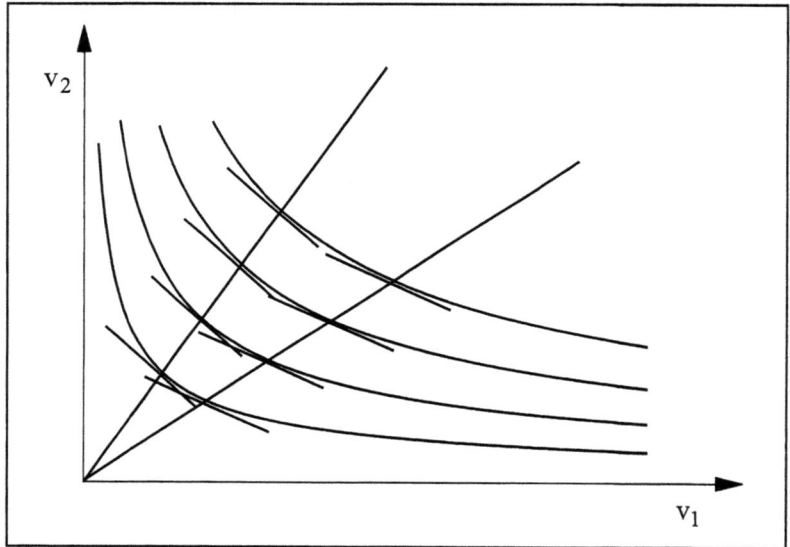

Abbildung 3.7: Skalenerträge und Grenzproduktivitäten

3.1.2 Die ertragsgesetzlichen Produktionsfunktionen

Eine Sonderform der substitutionalen Produktionsfunktionen stellt die **ertragsgesetzliche Produktionsfunktion** dar. In Abbildung 3.8 ist ihr typischer Verlauf dargestellt.

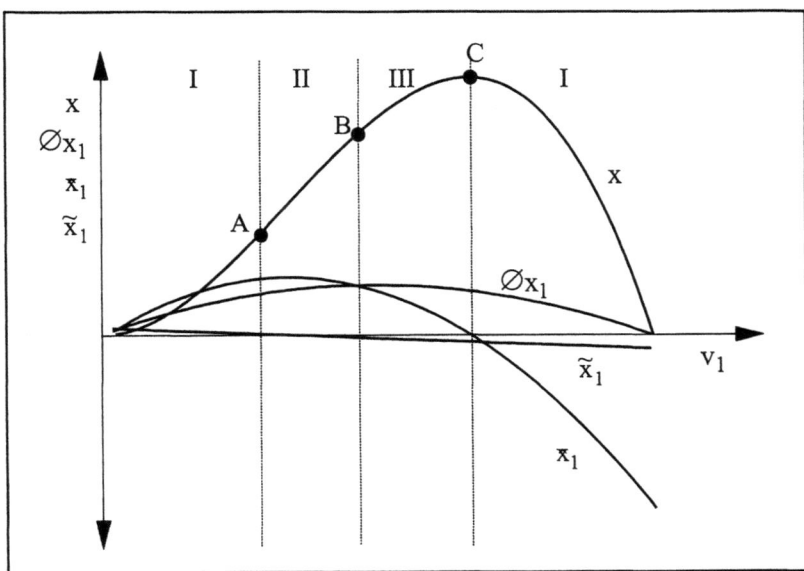

Abbildung 3.8: Ertragsgesetzliche Produktionsfunktion

Im Fall der ertragsgesetzlichen Produktionsfunktion handelt es sich um eine klassische Produktionsfunktion, die unter dem Einfluss einer landwirtschaftlich orientierten Produktion entwickelt wurde. Sie unterscheidet sich von anderen substitutionalen Produktionsfunktionen dahingehend, dass ein erhöhter Einsatz eines Inputfaktors über das Maximum hinaus zu einem Rückgang der Produktionsmenge führt. In der Landwirtschaft ist diese Situation gegeben, wenn etwa aufgrund einer Überdüngung des Bodens die Ernte geringer ausfällt. Zudem ist vor dem Hintergrund eines günstigen Verhältnisses zwischen den beiden Produktionsfaktoren zunächst mit steigender Grenzproduktivität zu rechnen. Auch hier zeigt die Erfahrung aus der Landwirtschaft, dass sich mit dem Einsatz eines anfänglichen Engpassfaktors der Ertragsanstieg zunächst beschleunigt. Das **Ertragsgesetz** besagt, dass mit zunehmendem Einsatz eines Faktors, bei gleichzeitiger Konstanz aller anderen Faktoren, der Output zunächst bis zum Wendepunkt der Ertragsfunktion mit ansteigender, danach mit fallender Grenzproduktivität zunimmt. Ab einem bestimmten Punkt wird die Grenzproduktivität sogar negativ. Dies ist dann der Fall, wenn das Ertragsmaximum überschritten wurde. Eine ertragsgesetzliche Produktionsfunktion lässt sich typischerweise in vier Phasen unterteilen.

- In Phase I steigt die Grenzproduktivität, da durch einen erhöhten Einsatz des Faktors eine Mangelsituation ausgeglichen werden kann. Gesamtertrag und Durchschnittsertrag steigen beide. Der Durchschnittsertrag liegt jedoch noch unter der Grenzproduktivität, da jeder zusätzliche Inputfaktor einen größeren Ertragszuwachs bewirkt. Das Ende der ersten Phase (Punkt A) ist gleichzusetzen mit dem Maximum der Grenzproduktivität.

- In Phase II steigt der Gesamtertrag weiter, jedoch langsamer als in der ersten Phase, denn die Grenzproduktivität fällt mit steigendem Faktoreinsatz. Da die Grenzproduktivität jedoch weiterhin über dem Durchschnittsertrag liegt, steigt der Durchschnittsertrag weiter. Die 2. Phase geht zu Ende, wenn Grenzproduktivität und Produktivität (= Durchschnittsertrag) einander entsprechen (Punkt B). Dies ist stets im Maximum des Durchschnittsertrags der Fall, wo die zuletzt eingesetzte Inputeinheit den gleichen Ertrag erbringt wie der Durchschnitt der Inputfaktoren zuvor.

- In Phase III steigt der Gesamtertrag nur noch wenig. Die Grenzproduktivität sinkt unter den Durchschnittsertrag und infolgedessen fällt auch der Durchschnittsertrag, wobei er jedoch stets höher als die Grenzproduktivität bleibt. Am Ende der dritten Phase (Punkt C) ist das Maximum des Gesamtertrags erreicht und die Grenzproduktivität wird Null.

- In Phase IV fällt der Gesamtertrag (Punkt D) bei erhöhtem Faktoreinsatz und die Grenzproduktivität wird negativ. Ein weiterer Faktoreinsatz wäre ökonomisch nicht sinnvoll, da sich das eingesetzte Produktionsverfahren in diesem Bereich als ineffizient erweist.

Beispiel 3.4: Ertragsgesetzliche Produktionsfunktion

Gegeben sei die ertragsgesetzliche Produktionsfunktion:

$$x = -0{,}1v_1^3 + 0{,}5v_1^2 * v_2.$$

Daraus lassen sich die Grenzproduktivitäts- und die Durchschnittsertragsfunktion nach v_1 ableiten. Es gilt:

$$\hat{x}_1 = \frac{\partial x}{\partial v_1} = -0.3v_1^2 + v_1 * v_2,$$

$$\varnothing x_1 = -0.1v_1^2 + 0.5v_1 * v_2.$$

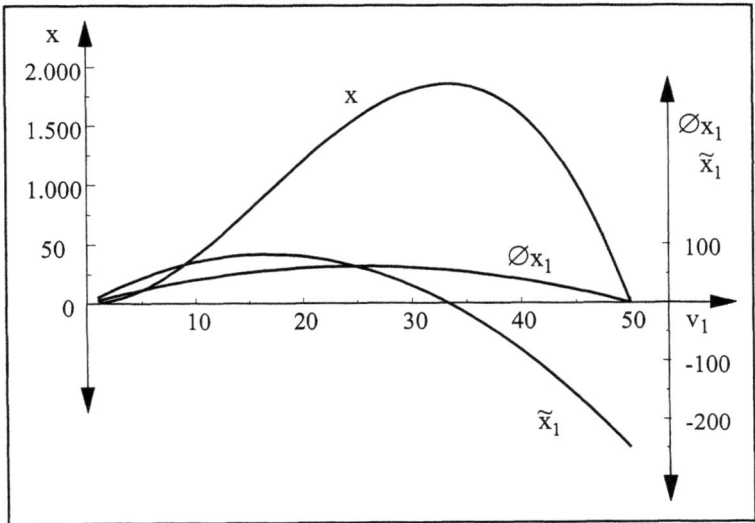

Abbildung 3.9: Produktionsfunktion für $v_2 = 10$

Zur Berechnung der Maxima werden die 1. Ableitungen der Grenzproduktivitätsfunktion ($\tilde{x}_i$) bzw. der Durchschnittsertragsfunktion ($\partial\varnothing x_1$) gebildet und gleich Null gesetzt. Wird von einer Einsatzmenge des Faktors v_2 von 10 Einheiten ausgegangen, dann ergibt sich:

$$\tilde{x}_1 = \frac{\partial \hat{x}_1}{\partial v_1} = -0.6v_1 + v_2 = 0$$

$$\tilde{x}_1 = \frac{\partial \hat{x}_1}{\partial v_1} = -0.6v_1 + 10 = 0$$

$$0.6v_1 = 10 \quad \Rightarrow \quad v_1 = 16.6\overline{6}.$$

Wenn $v_2 = 10$, ist das Maximum der Grenzproduktivität erreicht, wenn 16,66 Einheiten des Faktors v_1 eingesetzt werden (vgl. Abbildung 3.9).

$$\partial \varnothing x_1 = -0{,}2v_1 + 0{,}5v_2 = 0$$
$$\partial \varnothing x_1 = -0{,}2v_1 + 0{,}5*10 = 0$$
$$0{,}2v_1 = 5 \quad \Rightarrow \quad v_1 = 25.$$

Das Maximum des Durchschnittsertrags ist erreicht, wenn 25 Einheiten v_1 eingesetzt werden. In Tabelle 3.3 sind einige Ertragswerte der Funktion zusammengestellt.

Tabelle 3.3: Ertragsgesetzliche Produktionsfunktion ($v_2 = 10$)

v_1	10,00	16,66	25,00	30,00	38,50	50,00
x	400,00	925,93	1562,50	1800,00	1851,00	0,00
$\hat{x}_1$	70,00	83,33	62,50	30,00	-1,68	-250,00
$\varnothing x_1$	40,00	55,55	62,50	60,00	56,88	0,00

3.1.3 Die limitationalen Produktionsfunktionen

Stehen die Produktionsfaktoren in einem festen Austauschverhältnis zueinander, dann handelt es sich um eine **linear limitationale Produktionsfunktion** oder **Leontief-Produktionsfunktion**. In der Praxis sind limitationale Produktionsfunktionen immer bei kurzfristiger Betrachtung zu erwarten. Wurde beispielsweise festlegt, welcher Autotyp produziert werden soll, dann stehen die Inputfaktoren in einem festen Austauschverhältnis zueinander, während es prinzipiell viele Möglichkeiten gibt, ein Auto zu produzieren. Formal können linear limitationale Produktionsfunktionen wie folgt beschrieben werden:

$$x = \min(v_1, v_2, v_3, \ldots, v_n).$$

Die Schreibweise drückt aus, dass der Ertrag durch den Faktor, der am knappsten ist, limitiert wird. Da es nur eine Faktormengenkombination gibt mit der sich eine konkrete Menge eines Gutes produzieren lässt, schrumpfen die Isoquanten zu einem Punkt. In Abbildung 3.10 ist der typische Verlauf einer Leontief-Produktionsfunktion dargestellt.

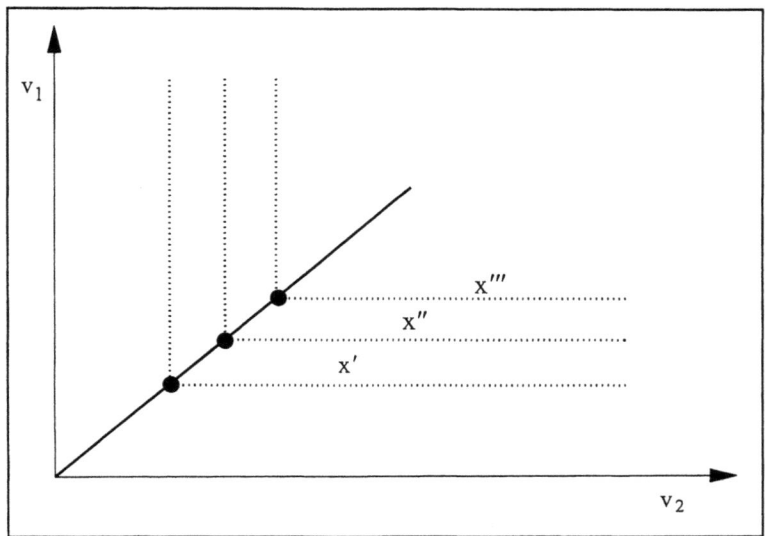

Abbildung 3.10: Isoquanten der Leontief-Produktionsfunktion

Soll eine größere Menge des Gutes hergestellt werden, dann muss der Faktoreinsatz proportional erhöht werden. Alle technisch effizienten Faktorkombinationen liegen deshalb auf einer Geraden aus dem Ursprung. Indem technisch ineffiziente Kombinationen gestrichelt dargestellt werden, ergeben sich rechtwinkelige Isoquanten. Eine Bewegung entlang der Isoquante, die durch den kontinuierlichen Mehreinsatz eines Faktors ausgelöst wird, führt nicht zur Ertragssteigerung und ist damit ökonomisch nicht sinnvoll. Die abgeleiteten Funktionen können analog zum Fall substitutionaler Funktionen ermittelt werden. Ausgehend von einer Produktionsfunktion der Form:

$$x = \min\left(\frac{1}{\overline{v}_i} * v_i\right)$$

wird von technisch effizienter Produktion ausgegangen. Durch auflösen der Funktion nach v_i ergibt sich die **Verbrauchsfunktion**. Die Verbrauchsfunktion gibt an, welche Menge des Faktors zur Herstellung einer bestimmten Menge des Produktes notwendig ist. Sie lautet:

$v_i = \bar{v}_i * x$.

Der **Produktionskoeffizient** $\bar{v}_i$ gibt das Verhältnis zwischen Input und Output an. Da der Produktionskoeffizient konstant ist, ist auch sein Kehrwert, der **Durchschnittsertrag** konstant.

Beispiel 3.5: Linear limitationale Produktionsfunktion

Das Unternehmen stellt einen „Standardtisch Fichte" her. Er besteht aus vier Holzbeinen (v_1), einer Tischplatte (v_2) und 16 Schrauben (v_2). Die Produktionsfunktion lautet demnach:

$$x = \min\left(\frac{1}{4} * v_1; \frac{1}{1} * v_2; \frac{1}{16} * v_3\right).$$

Unternehmerin A ermittelt, dass der Produktionskoeffizient für $\bar{v}_1 = 4$, für $\bar{v}_2 = 1$ und für $\bar{v}_3 = 16$ ist. Werden beispielsweise 8 Tischbeine, 2 Tischplatten und 16 Schrauben in der Produktion eingesetzt, dann ergibt sich:

$$x = \min\left(\frac{1}{4} * 8; \frac{1}{1} * 2; \frac{1}{16} * 16\right) = \min(2; 2; 1).$$

Die Produktion wird durch den knappsten Faktor limitiert, was in diesem Fall die Schrauben sind, die lediglich zur Herstellung eines Tisches ausreichen. Nur ein Einsatz der Faktoren im Verhältnis 4:1:16 ist ökonomisch sinnvoll. Auch bei einer Ausweitung der Produktion muss diese Relation gewahrt bleiben.

3.2 Die Produktionsmöglichkeitenkurve

In den vorherigen Abschnitten wurde stets davon ausgegangen, dass die Unternehmen nur ein Produkt herstellen. Nun soll untersucht werden, wie Mehrproduktunternehmen ihre Produktion optimieren. Vereinfachend wird von einem Unternehmen ausgegangen, das nur zwei Alternativgüter herstellt. Im Fall einer **Alternativproduktion** stehen die Produkte zueinander in Konkurrenz um die knappen Ressourcen, so dass eine Ausweitung der Produktion des einen Gutes nur möglich ist, wenn vom anderen Gut weniger produziert wird. Wie immer wird eine technisch effiziente Produktion vorausgesetzt.

Dem Unternehmen stehen zur Herstellung der Güter x_1 und x_2 nur begrenzte Mengen der Produktionsfaktoren v_1 und v_2 zur Verfügung. Die Ressourcenbeschränkung kann sich unter anderem aufgrund der Verfügbarkeit der Güter oder bestehender Kapazitätsengpässe ergeben. Zunächst soll der Entscheidungsweg anhand substitutionaler Produktionsfunktionen aufgezeigt werden. Ausgehend vom Produkt 1 werden die Isoquanten in ein $v_1 v_2$-Diagramm eingetragen, allerdings mit der Beschränkung, nicht mehr als eine bestimmte Menge von v_1 bzw. v_2 einsetzen zu können. Die gleiche Darstellungsform wird für das Gut 2 angewandt, wobei das Koordinatensystem um 180° gedreht und so platziert wird, dass sein Ursprung auf den Maxima des x_1-Koordinatensystems liegt. Es ergibt sich ein **Schachteldiagramm**, auch als **Edgeworth-Box** bezeichnet. Es verdeutlicht die Beschränktheit der Inputfaktoren, die zur Produktion von x_1 oder x_2 eingesetzt werden können (vgl. Abbildung 3.11).

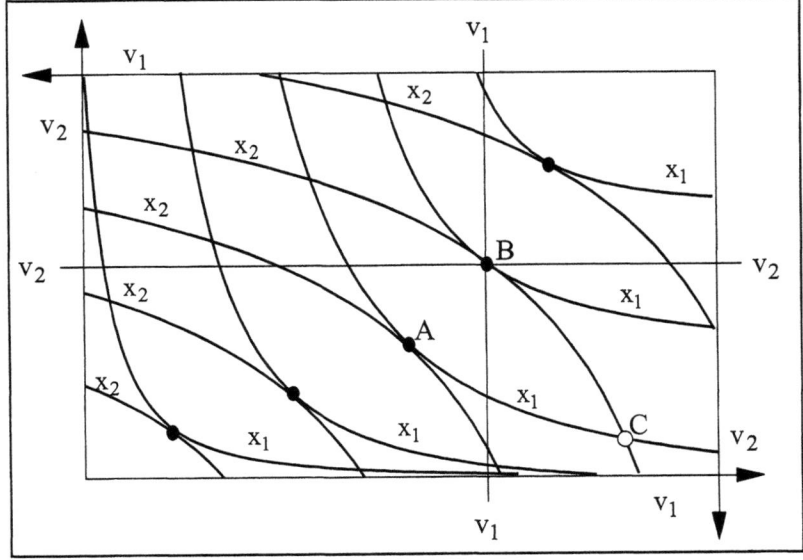

Abbildung 3.11: Die Edgeworth-Box

Es ist gut zu erkennen, dass je mehr von einem Produktionsfaktor in die Erzeugung von Gut 1 fließt, um so weniger für die Produktion des anderen Gutes zu Verfügung steht. Weit vom Ursprung entfernte Isoquanten des Gutes 1 werden von nahe am Ursprung liegenden Isoquanten des Gutes 2 tangiert. In jedem Tangentialpunkt werden die gesamten Ressourcen eingesetzt. Die Bedingung, dass alle Faktoren in die Produktion eingehen, ist zwar auch an den Schnittpunkten zwischen den Isoquanten erfüllt, diese Produktionsmengen wären jedoch nicht effizient.

Eine Bewegung entlang der Isoquante x_{13} macht dies deutlich. Im Schnittpunkt C mit der Isoquante x_{22} werden zwar alle Faktoren eingesetzt, bei gleicher Produktionsmenge von x_1 kann der Ausstoß von x_2 allerdings noch gesteigert werden. Da weiter vom Ursprung entfernte Isoquanten eine höhere Produktionsmenge repräsentieren, ist die Produktionsmenge von Gut 2, bei gegebener Produktionsmenge von Gut 1, am höchsten, wenn sich die Isoquanten gerade berühren. Dies ist in Punkt A gegeben, wo Isoquante x_{13} Isoquante x_{23} tangiert. Die Aufteilung der Faktoren sowohl in Punkt A wie auch in Punkt B ist **pareto-optimal**, d. h. es kann von einem Gut nicht mehr produziert werden, ohne vom anderen Gut weniger zu produzieren. Werden die Tangentialpunkte der Isoquanten miteinander verbunden, dann ergibt sich **die Kurve der effizienten Produktion** oder **Kontraktkurve**.

Bekanntlich entspricht die Steigung einer Isoquante dem Verhältnis der Grenzproduktivitäten. Da im Tangentialpunkt beide Isoquanten die gleiche Steigung haben, muss auch das Verhältnis der Grenzproduktivitäten der beiden Güter identisch sein. Kennzeichnend für eine pareto-optimale Produktion ist demnach die Identität der Verhältnisse der Grenzproduktivitäten der Produktionsfaktoren, unabhängig davon, in welches Gut sie eingehen.

Werden nun die pareto-optimalen Produktionskombinationen in ein Produktmengendiagramm übertragen, dann ergibt sich die **Produktionsmöglichkeitenkurve** oder **Transformationskurve** (vgl. Abbildung 3.12). Sie ist der geometrische Ort aller alternativen Gütermengen, die mit den vorhandenen Ressourcen erzeugt werden können. Die Produktionsmengen A, B bzw. C sind mithin in beiden Abbildungen identisch. Gütermengenkombinationen unterhalb der Transformationskurve sind ineffizient, da bei gleichem Faktoreinsatz mehr von einem der beiden Güter produziert werden könnte. Typischerweise weist eine Transformationskurve eine negative Steigung auf, denn eine Mehrproduktion des einen Gutes ist stets mit einem Rückgang des Ausstoßes des anderen Gutes verbunden. Die Steigung der Transformationskurve, die **Grenzrate der Transformation**, gibt an, um wie viel sich die Produktion von Gut 1 erhöhen lässt, wenn von Gut 2 eine infinitesimal kleinere Menge weniger hergestellt wird.

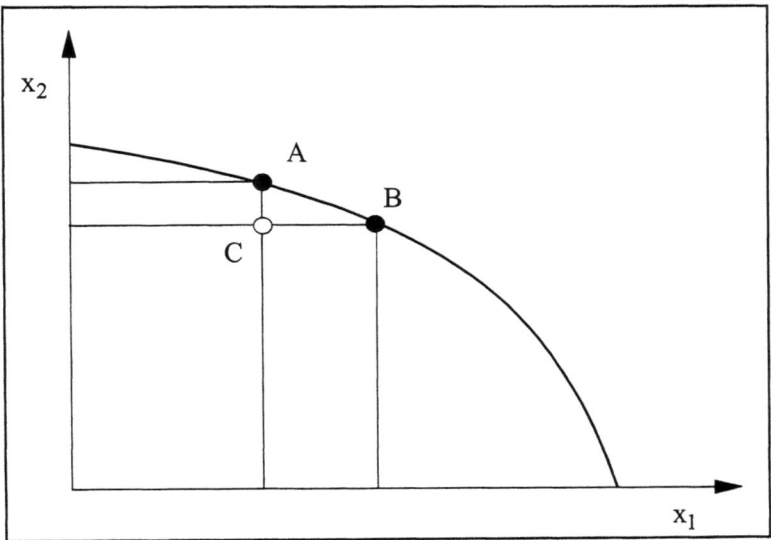

Abbildung 3.12: Die Transformationskurve

Wird von linear limitationalen Produktionsfunktionen ausgegangen, ändert sich der Verlauf der Transformationskurve. Im Spezialfall eines gleichen Faktoreinsatzverhältnisses in der Herstellung beider Güter (= gleiche Faktorintensität) ist die Transformationskurve eine Gerade. Was auch der Fall ist, wenn zwei substitutionale Güter mittels linear homogener Produktionsfunktionen hergestellt werden. Sollte sich hingegen die Faktorintensität der beiden Produkte mit linear limitationalen Produktionsfunktionen unterscheiden, besteht die Transformationskurve aus zwei geraden Teilstücken unterschiedlicher Steigung. Eine volle Ressourcenausnutzung ist jedoch nur am Knickpunkt der Kurve gegeben.

Übungsaufgaben zum 3. Kapitel

Aufgabe 3.1:
Weshalb entstehen Unternehmen?

Aufgabe 3.2:
Erläutern Sie an einem selbstgewählten Beispiel das Konzept der komparativen Kostenvorteile.

Aufgabe 3.3:
Welches sind die zentralen Fragestellungen der Produktionstheorie?

Aufgabe 3.4:
Erläutern Sie den Zusammenhang zwischen einer Produktionsfunktion und der eingesetzten Produktionstechnik.

Aufgabe 3.5:
Welche Arten der Produktionsfunktion lassen sich unterscheiden. Charakterisieren Sie die einzelnen Arten kurz.

Aufgabe 3.6:
Welche Veränderung lässt sich mittels der Produktionselastizität messen?

Aufgabe 3.7:
Gegeben sei die Produktionsfunktion $x = 0{,}5 v_1^{0,65} * v_2^{0,35}$. Bestimmen Sie die Isoquantengleichung für $x = 20$ und geben Sie 5 Faktormengenkombinationen an, mit denen sich 20 Produkteinheiten erzeugen lassen.

Aufgabe 3.8:

Berechnen Sie für die Produktionsfunktion $x = 0{,}5 v_1^{0,65} * v_2^{0,35}$ die Grenzproduktivität, den Durchschnittsertrag, den Produktionskoeffizienten und die Produktionselastizität jeweils für den Faktor v_1, wenn zur Herstellung des Gutes 40 Einheiten v_1 und 40 Einheiten v_2 eingesetzt werden. Interpretieren Sie Ihre Ergebnisse.

Aufgabe 3.9:

Was besagt die Grenzrate der technischen Substitution des Faktors 2 durch den Faktor 1? Berechnen Sie die GTS_{21} für die Produktionsfunktion $x = 0{,}5 v_1^{0,65} * v_2^{0,35}$ an der Stelle $v_1 = 20$ und $v_2 = 20$.

Aufgabe 3.10:

Bestimmen und interpretieren Sie den Homogenitätsgrad für folgende Produktionsfunktionen:

a) $x = 0{,}8 v_1^{0,4} * v_2^{0,8}$,

b) $x = 4 v_1^3 * v_2^{-0,5}$.

Aufgabe 3.11:

Beschreiben Sie kurz den typischen Verlauf einer ertragsgesetzlichen Produktionsfunktion.

Aufgabe 3.12:

Ein Unternehmen möchte einen Küchenstuhl produzieren. Er besteht aus vier Stuhlbeinen, einer Sitzfläche, einer Rückenlehne, acht 12-mm-Schrauben und zwei 20-mm-Schrauben. Formulieren Sie die Produktionsfunktion.

Aufgabe 3.13:
Dem Unternehmen aus Aufgabe 3.12 stehen insgesamt 75 Sitzflächen, 320 Stuhlbeine, 80 Rückenlehnen, 400 12-mm-Schrauben und 210 20-mm-Schrauben am Lager zur Verfügung. Wie viele Stühle lassen sich damit herstellen?

Aufgabe 3.14:
Welcher produktionstechnische Zusammenhang wird in der Edgeworth-Box beschrieben?

Aufgabe 3.15:
Welcher Zusammenhang wird in der Transformationskurve dargestellt und was besagt die Grenzrate der Transformation?

4. Kostentheorie

Aufbauend auf den produktionstheoretischen Überlegungen des vorherigen Abschnitts, wird in diesem Abschnitt auf die mit der Produktion verbundenen Kosten eingegangen. Wesentlich für den Unternehmenserfolg ist die Fähigkeit, die Faktoren so zu kombinieren, dass die entstehenden Kosten minimal sind. Allein dies reicht nicht aus, um langfristig als Unternehmen erfolgreich zu sein. Das Unternehmen muss über Produkte verfügen, die langfristig am Markt erfolgreich sind und zu befriedigenden Erlösen führen. Letztlich ist es die Maximierung der Differenz zwischen Umsatz und Kosten, die das Unternehmen anstrebt. Eine umfassende Kostentheorie beinhaltet deshalb auch Konzepte zur Bestimmung der gewinnmaximalen Produktionsmenge.

4.1 Die Minimalkostenkombination

In der Kostentheorie wird davon ausgegangen, dass die Inputfaktoren auf einem vollkommenen Markt gehandelt werden. Somit ist der Faktorpreis für das einzelne Unternehmen ein Datum. Es kann die Preise durch seine Nachfrage nicht beeinflussen. Allerdings müssen die Unternehmen nicht zwangsläufig für die Nutzung aller Faktoren zahlen. Einige produktionsrelevante Faktoren, wie Straßen oder Luft, stehen ihnen kostenfrei zur Verfügung und gehen somit auch nicht in ihre Kostengleichung ein. Deshalb ist zunächst zwischen privaten und gesellschaftlichen Kosten zu unterscheiden.

Private Kosten sind diejenigen Kosten, die im herstellenden Unternehmen anfallen. **Gesellschaftliche Kosten** entstehen dagegen Dritten, wie der Gesellschaft oder der Gesamtwirtschaft. Typische gesellschaftliche Kosten sind Kosten der Umwelt- und Gesundheitsbelastung. Sind die gesellschaftlichen Kosten höher als die privaten Kosten, dann wird das Gut „zu billig" am Markt angeboten, was die gesellschaftlichen Kosten in die Höhe treiben kann. Seitens der Gesellschaft ist es erstrebenswert, die gesellschaftlichen Kosten zu internalisieren, d. h. den Unternehmen zuzurechnen. Nach *R. Coase* können externe Kosten paretoeffizient internalisieren werden, wenn es zu Verhandlungen zwischen Verursacher und Betroffenem kommt. Voraussetzung für den Verhandlungserfolg ist jedoch, dass eine der beiden Parteien die Eigentumsrechte am Gut erhält. Dabei ist es unrelevant, welche Partei die Rechte erhält. Bekanntlich gibt es stets mehrere pareto-effiziente Lösungen, die sich allerdings dahingehend unterscheiden, wie sie das einzelne Wirtschaftssubjekt stellen. Zusammenfassend besagt das **Coase-Theorem**, dass es zur Internalisierung externer Kosten lediglich der eindeutigen Festlegung von Eigentumsrechten (und der Möglichkeit der Durchsetzbarkeit dieser Rechte) bedarf.

In der Praxis erweist sich die Durchsetzung der Eigentumsrechte durchaus als schwierig, da im Einzelfall die mit einer Vertragsabwicklung verbundenen Transaktionskosten sehr hoch sein können. In diesem Fall müsste auf ein durch Verhandlungen erzieltes pareto-optimales Ergebnis verzichtet werden. Gerade wenn einem gut ausgestatteten Verursacher viele kleine schlecht ausgestattete Betroffene gegenüberstehen, stellen die Transaktionskosten eine erhebliche Hürde auf dem Weg zum Pareto-Optimum dar.

Ausgehend von einer konkreten Produktionsfunktion und unberücksichtigt möglicher gesellschaftlicher Kosten, ergibt sich die Kostengleichung ($\overline{K}$) durch Bewertung der Faktoreinsatzmengen mit ihren Preisen (q). Für den Zwei-Faktoren-Fall lässt sich schreiben:

$$\overline{K} = v_1 * q_1 + v_2 * q_2.$$

Durch Auflösen der Gleichung, etwa nach v_2, entsteht die **Isokostenlinie**, der geometrische Ort aller Faktorkombinationen, die die gleichen Kosten verursachen.

$$v_2 = \frac{\overline{K}}{q_2} - \frac{q_1}{q_2} * v_1.$$

Der Schnittpunkt der Isokostenlinie mit der Abszisse gibt die Menge des Faktors v_1 an, die maximal gekauft werden kann, wenn die gesamten Kosten auf v_1 entfallen. Analog gibt der Ordinatenabschnitt die Maximalmenge von v_2 an. Die Steigung der Isokostenlinie entspricht dem Preisverhältnis der eingesetzten Faktoren.

Nach dem ökonomischen Prinzip wird das Unternehmen stets bestrebt sein, eine gegebene Produktionsmenge mit minimalen Kosten zu produzieren (**Minimalprinzip**). Sollte dagegen der seltenere Fall eintreten, dass sich das Kostenbudget als Engpass erweist, dann greift das **Maximalprinzip**. Es bringt das Bestreben zum Ausdruck, bei gegebener Kostensumme die Produktionsmenge zu maximieren.

Wird die Isokostenlinie in ein $v_1 v_2$-Diagramm übertragen, dann ist zu erkennen, dass alle Faktormengenkombinationen auf bzw. unterhalb der Isokostenlinie realisierbar sind (vgl. Abbildung 4.1).

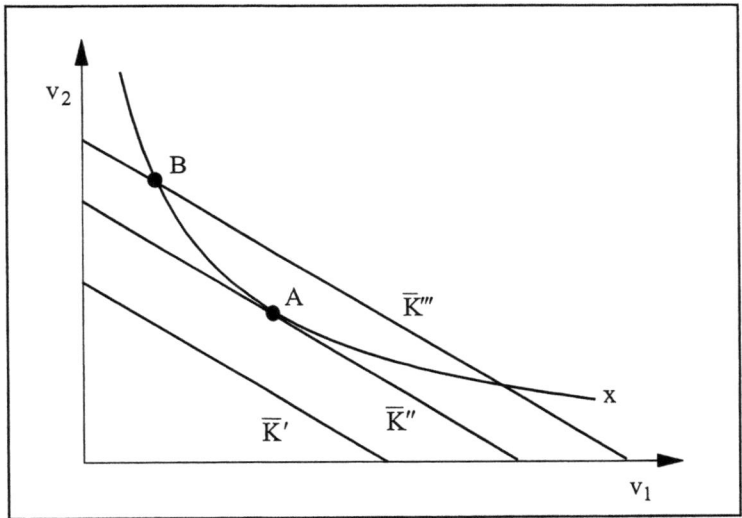

Abbildung 4.1: Die Minimalkostenkombination

Es soll nun, ausgehend von einer vorgegebenen Ausbringungsmenge, die **Minimalkostenkombination** bestimmt werden. Gesucht ist also diejenige Faktormengenkombination, die einen gegebenen Output mit minimalen Kosten produziert. Für den Fall einer substitutionalen Produktionsfunktion ist der Zusammenhang in Abbildung 4.1 dargestellt. Es gilt ($\overline{K}' < \overline{K}'' < \overline{K}'''$), d. h. die Kosten, die eine Isokostenlinie reflektiert, sind umso höher, je weiter diese vom Ursprung entfernt liegt. Wie in der Haushaltstheorie, ist es der Tangentialpunkt zwischen Isoquante und Isokostenlinie, der die kostengünstigste Variante markiert. Isokostenlinien, die unterhalb der Linie $\overline{K}''$ liegen, repräsentieren eine Kostenhöhe, die nicht ausreicht, um die benötigte Menge an Inputfaktoren zu erwerben. Erst mit der Kostenhöhe $\overline{K}''$ lässt sich die vorgegebene Produktmenge erzeugen. Dagegen entstehen an den Schnittpunkten von Isokostenlinien und Isoquante Produktionskosten, die höher sind als $\overline{K}''$ (Punkt B) und damit nicht effizient sind. Formal lässt sich die Minimalkostenkombination mittels des Lagrange-Ansatzes bestimmen (vgl. Beispiel 4.1). Da die Steigung der Isoquante dem Verhältnis der Grenzproduktivitäten entspricht und die Steigung der Isokostenlinie dem Preisverhältnis, lässt sich feststellen, dass bei kostenminimaler Produktion das Verhältnis der Preise mit dem Verhältnis der Grenzproduktivitäten übereinstimmt. Somit gilt auch, dass das Verhältnis der Grenzproduktivitäten dem umgekehrten Preisverhältnis entspricht.

Beispiel 4.1: Minimalkostenkombination

Unternehmerin A stellt eines ihrer Endprodukte mittels der Produktionsfunktion $x = v_1^{0,5} * v_2^{0,5}$ her. Der Marktpreis einer Einheit des Faktors 1 beträgt 10 GE, der Preis des Faktors 2 beträgt 5 GE. Sie formuliert die Kostenfunktion entsprechend als:

$K = 10v_1 + 5v_2$.

Sie sucht die kostenminimalen Faktoreinsatzmengen für die Herstellung von 100 Mengeneinheiten. Die Lagrange-Gleichung lautet:

$L = (10v_1 + 5v_2) + \lambda(v_1^{0,5} * v_2^{0,5} - 100) = 0$.

Zunächst werden die partiellen Ableitungen gebildet. Es ergibt sich:

(1) $\quad \dfrac{\partial L}{\partial v_1} = 10 + 0,5\lambda * v_1^{-0,5} * v_2^{0,5} = 0$.

(2) $\quad \dfrac{\partial L}{\partial v_2} = 5 + 0,5\lambda * v_1^{0,5} * v_2^{-0,5} = 0$,

(3) $\quad \dfrac{\partial L}{\partial \lambda} = v_1^{0,5} * v_2^{0,5} - 100 = 0$.

Wird Gleichung (1) durch Gleichung (2) dividiert, kann λ eliminiert werden und es ergibt sich:

$$\frac{0{,}5v_1^{-0{,}5} * v_2^{0{,}5}}{0{,}5v_1^{0{,}5} * v_2^{-0{,}5}} = \frac{10}{5}.$$

Das Auflösen der Gleichung nach v_2 führt zu:

$$\frac{0{,}5v_2^{0{,}5} * v_2^{0{,}5}}{0{,}5v_1^{0{,}5} * v_2^{0{,}5}} = 2,$$

$$\frac{0{,}5v_2}{0{,}5v_1} = 2 \quad \Rightarrow$$

$$v_2 = 2v_1.$$

Wird das Ergebnis in Gleichung (3) eingesetzt, folgt daraus:

$$v_1^{0{,}5} * (2v_1)^{0{,}5} - 100 = 2^{0{,}5} * v_1^{0{,}5} * v_1^{0{,}5} - 100 = 0,$$

$$v_1 = \frac{100}{\sqrt{2}} = 70{,}71 \quad \Rightarrow$$

$$v_2 = 2*70{,}71 = 141{,}42.$$

Bei gegebenen Faktorpreisen und gegebener Produktionsmenge ist es optimal, wenn Unternehmerin A 70,71 Einheiten v_1 und 141,42 Einheiten v_2 einsetzt. Die Produktionskosten betragen dann:

$$10*70{,}71 + 5*141{,}42 = 7073 \text{ GE}.$$

Da im Fall limitationaler Produktionsfunktionen eine konkrete Ausbringungsmenge nur durch eine konkrete Faktormengenkombination erzeugt werden kann, fehlt es an Handlungsalternativen. Eine Faktormengenkom-bination ist deshalb unabhängig vom Faktorpreisverhältnis zu wählen. Demnach müssen im Fall limitationaler Produktionsfunktionen das Verhältnis der Grenzproduktivitäten und das Preisverhältnis nicht immer übereinstimmen.

4.2 Die Kostenverläufe

Für jede Produktionsmenge lässt sich im Fall substitutionaler Produktionsfunktionen die Minimalkostenkombination bestimmen, so dass sich eine Schar von Optimalpunkten ergibt. Werden diese Punkte verbunden, entsteht der **Expansionspfad**, dessen Verlauf von der Grenzrate der Substitution abhängt. Allgemein wird unter der Kostenfunktion (K) eine Funktion verstanden, die einer konkreten Produktionsmenge die mit der Herstellung verbundenen Kosten zuordnet. Es gilt:

$$K = f(x).$$

Um die Kostenfunktion aufstellen zu können, müssen zunächst jeder Produktionsmenge die entsprechenden Faktoreinsatzmengen zugeordnet werden. Diese lassen sich aus dem Expansionspfad ableiten. Aufgelöst nach den Inputfaktoren ergeben sich Verbrauchsfunktionen ($v_i = f^{-1}(x) = F(x)$) der Inputfaktoren. Sie geben an, wie hoch die Einsatzmenge eines Faktors sein muss, um eine vorgegebene Produktionsmenge zu erzeugen. Für den 2-Güter-Fall gilt:

$$K(x) = q_1 * v_1(x) + q * v_2(x).$$

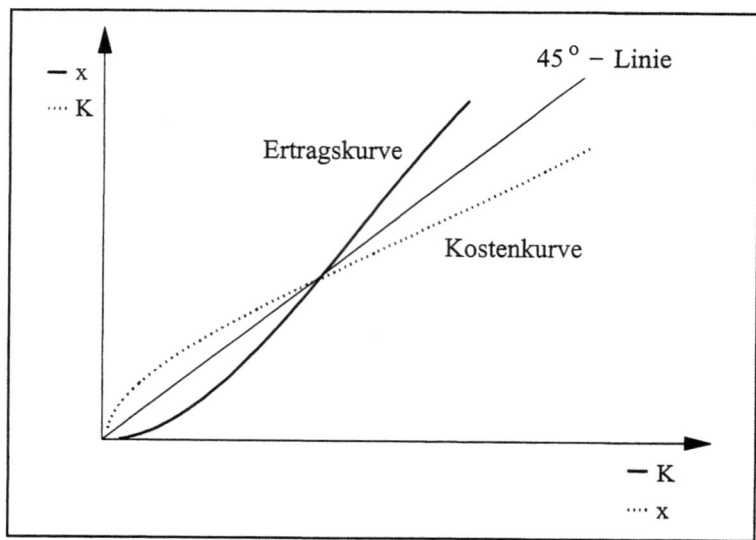

Abbildung 4.2: Ableitung der Kostenkurve aus der Ertragskurve

Die mit den Faktorpreisen bewertete Verbrauchsfunktion entspricht der Kostenfunktion. Graphisch ergibt sich die Kostenfunktion, indem die Produktionsfunktion an der 45°-Linie gespiegelt wird (vgl. Abbildung 4.2).

4.2.1 Die grundlegenden Begriffe

In der Produktion ist kurzfristig die Einsatzmenge eines Faktors oft fest vorgegeben. In diesem Fall treten durch den Faktoreinsatz konstante Kosten auf, die unabhängig von der Produktionsmenge sind. Diese Art der Kosten wird als **fixe Kosten** (K_f) bezeichnet. Da unterstellt wird, dass ein Unternehmen auf lange Sicht alle Parameter seiner Produktion verändern kann, wird dementsprechend die Nutzung der Produktionsfaktoren langfristig variabel sein. Somit können dann nur produktionsmengenabhängige Kosten, **variable Kosten** (K_v), auftreten. Fixe Kosten, die etwa aufgrund von Abschreibungen auf Maschinen oder der Entlohnung von Mitarbeitern in Stabsabteilungen entstehen, lassen sich auf lange Sicht durch Verkauf oder Entlassung abbauen.

Von den fixen Kosten abzugrenzen sind die **versunkenen Kosten**. Es handelt sich dabei um Kosten, die nicht mehr rückgängig gemacht werden können. Sunk costs entstehen in Abhängigkeit vom Spezialisierungsgrad der Investitionsgüter. Je spezifischer ein Investitionsgut ist, umso schwerer lässt es sich in anderen Produktionsprozessen einsetzen und umso geringer ist die Chance, die entstehenden Fixkosten durch den Einsatz in einer anderen Verwendungsart zu decken. Damit sind die Opportunitätskosten des spezialisierten Faktoreinsatzes gleich Null, was dazu führt, dass die Nutzung dieser Faktoren zumeist nicht in die Kostenkalkulation eingeht. Erst wenn das Unternehmen den Markt verlassen will, werden die versunkenen Kosten, beispielsweise in Form eines niedrigen Wiederverkaufspreises einer Spezialmaschine, wirksam. Telefon- oder Fernsehnetze, aber auch Ausbildungskosten für spezifische Fähigkeiten, stellen typische versunkene Kosten dar.

Abgesehen von bestehenden versunkenen Kosten, die vor allem bei Markteintritts- bzw. Austrittsentscheidungen eine Rolle spielen, werden die Unternehmen im Allgemeinen in der Lage sein, ihre Fixkosten langfristig anzupassen. Somit erscheint es zulässig, langfristig allein von der Existenz variabler

Kosten auszugehen. Fallen allein variable Kosten an, dann ergeben sich alle mit dem Produktionsprozess entstehenden Kosten, wenn die Faktoreinsatzmengen mit ihren Faktorpreisen bewertet werden. Es gilt:

$$K_v = \sum_{i=1}^{n} v_i * q_i.$$

Aus dieser Gleichung lassen sich die variablen Stückkosten (k_v) und die Grenzkosten (k') ableiten. Es ergibt sich:

$$k_v = \frac{K_v}{x},$$

$$k' = \frac{\partial K}{\partial x}.$$

Da kurzfristig allerdings auch mit fixen Kosten (K_f) zu rechnen ist, muss die Kostenfunktion um diese ergänzt werden. Sie lautet dann:

$$K = K_f + K_v.$$

Entsprechend sind in der Berechnung der totalen Stückkosten (k) die Fixkosten zu berücksichtigen und die fixen Stückkosten (k_f) zu bestimmen. Es gilt:

$$k = \frac{K}{x},$$

$$k_f = \frac{K_f}{x}.$$

4.2.2 Die langfristigen Kostenverläufe

Der Verlauf der langfristigen Kosten hängt entscheidend vom Homogenitätsgrad der Produktionsfunktion ab, also von der Reaktion des Ertrags auf eine Variation der Faktoreinsatzmengen (vgl. Abbildung 4.3).

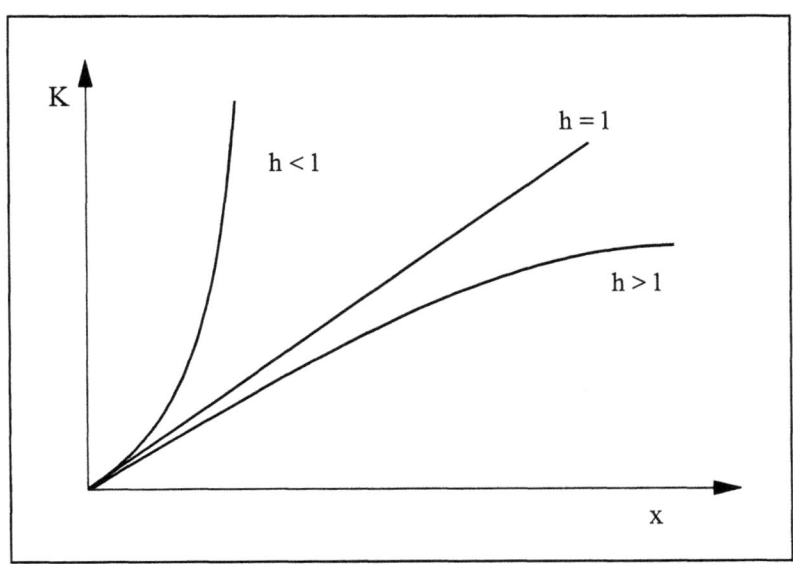

Abbildung 4.3: Kostenverläufe

Im Fall linear-homogener Produktionsfunktionen steigen die Gesamtkosten stets linear an. Wenn eine Verdoppelung des Inputs produktionsbedingt zu einer Verdoppelung des Outputs führt, dann steht entsprechend einer Verdoppelung der Produktionskosten eine Verdoppelung der Produktionsmenge gegenüber. In diesem Fall sind die Stückkosten und die Grenzkosten konstant.

Gänzlich anders ist der Verlauf der Kostenfunktionen, die auf Produktionsfunktionen mit einem Homogenitätsgrad größer als 1 basieren. Da sich der Output gegenüber dem Input überproportional entwickelt, sinken die Grenz- und die Stückkosten, wobei die Grenzkosten stets unter den Stückkosten liegen. Zwar steigen die Gesamtkosten der Produktion mit der Produktionsmenge, jedoch mit abnehmenden Zuwachsraten. Es wird von einer degressiven Kostenentwicklung gesprochen.

Produktionsfunktionen, deren Homogenitätsfaktor kleiner als 1 ist, weisen abnehmende Skalenerträge auf. Daraus ergeben sich Kostenverläufe, die durch steigende Grenz- und Stückkosten gekennzeichnet sind. Stets liegen die Grenzkosten einer Produktionsmenge höher als die Stückkosten, da die Herstellung einer weiteren Produktionseinheit kontinuierlich teurer wird. Die Folge ist ein progressiver Kostenverlauf.

4.2.3 Die ertragsgesetzlichen Kostenverläufe

Aufgrund der speziellen Eigenschaften der ertragsgesetzlichen Produktionsfunktion, ein Faktor ist stets konstant, ergibt sich auch ein typischer ertragsgesetzlicher Kostenverlauf, der sich in vier Phasen vollzieht (vgl. Abbildung 4.4). Besonders charakteristisch für den ertragsgesetzlichen Kostenverlauf sind die anfänglich fallenden Grenzkosten bzw. totalen Stückkosten, die aus einer Verbesserung des Einsatzverhältnisses zwischen fixem und variablem Einsatzfaktor resultieren. Mit weiter steigender Produktionsmenge verschlechtern sich die Faktorrelationen wieder, so dass es zu steigenden Grenz- und Stückkosten kommt.

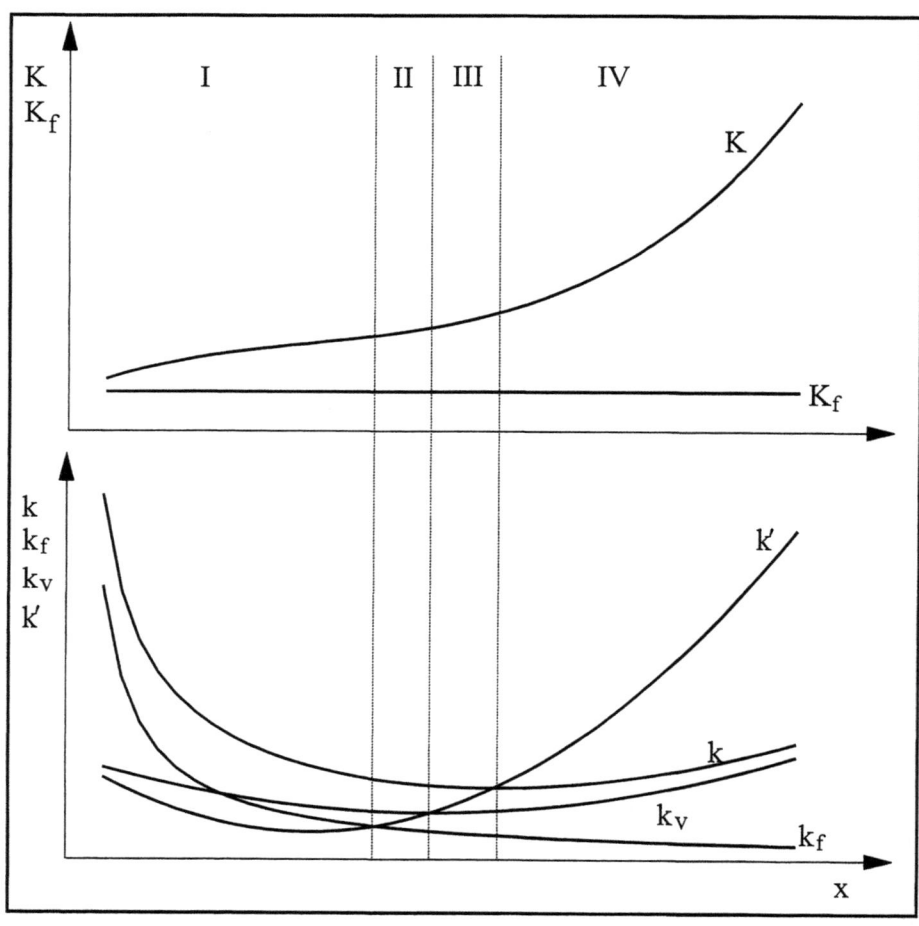

Abbildung 4.4: Ertragsgesetzliche Kostenfunktion

- Phase 1: Die totalen und variablen Stückkosten sind aufgrund der fallenden Grenzkosten rückläufig. In der ersten Phase wird es mit steigender Produktionsmenge immer günstiger, eine Einheit des Produkts herzustellen. Auch die fixen Stückkosten fallen kontinuierlich, sie sind zur Phasenabgrenzung jedoch ungeeignet, da sie mit steigendem Output fortlaufend zurückgehen. Die erste Phase ist beendet, wenn die Grenzkosten ihr Minimum erreicht haben.

- Phase 2: Die Grenzkosten beginnen zu steigen, d. h. die Produktion der nächsten Einheit verursacht fortlaufend höhere Kosten. Da die Grenzkosten jedoch weiter unter den Stückkosten liegen, sinken sowohl die totalen als auch die variablen Stückkosten weiter. Diese Phase ist beendet, wenn die Grenzkostenlinie die Linie der durchschnittlichen variablen Kosten schneidet. Dieser Punkt wird als Betriebsminimum oder **Produktionsschwelle** bezeichnet. Er stellt die kurzfristige Preisuntergrenze dar.

- Phase 3: Die Grenzkosten- und die variable Stückkostenkurve steigen. Da die Grenzkosten jedoch noch niedriger als die durchschnittlichen Kosten sind, fallen diese noch immer. Die Linie der totalen Stückkosten wird in ihrem Minimum von der Grenzkostenkurve geschnitten. An dieser Stelle entsprechen die durchschnittlichen Produktionskosten den Kosten zur Erzeugung der letzten Einheit. Dieser Punkt wird als Betriebsoptimum oder **Gewinnschwelle** bezeichnet; er entspricht der langfristigen Preisuntergrenze.

- Phase 4: Sämtliche Kostenverläufe weisen eine steigende Tendenz auf. Es wird immer kostspieliger, die Produktion auszuweiten.

4.3 Der optimale Produktionsplan

Im Folgenden wird gezeigt, wie sich die **Angebotsfunktion** eines Unternehmens ableiten lässt. Bekanntlich verfolgen die Unternehmen das Ziel einer (langfristigen) Gewinnmaximierung. Deshalb müssen sie neben der Kostensituation auch die Erlösentwicklung berücksichtigen. Da sich der Gewinn (G) als Differenz zwischen Erlös (E) und Kosten (K) ergibt, lässt sich schreiben:

$G = E - K = x*p - K$.

Ein rational handelndes Unternehmen, das mit seinem Angebot den Marktpreis nicht beeinflussen kann, wird sein Angebot solange ausdehnen, wie der Gewinn zunimmt. Erst wenn die Gewinnkurve ihr Maximum erreicht, der Grenzgewinn mithin gleich Null ist, ist die gewinnmaximale Produktionsmenge erreicht. Der Grenzgewinn (G') lässt sich aufgrund der ersten partiellen Ableitung der Gewinnfunktion bzw. als Differenz zwischen Grenzerlös und Grenzkosten ermitteln:

$$G' = \frac{\partial G}{\partial x},$$

$$G' = E' - K' \quad \text{mit} \quad E' = \frac{\partial E}{\partial x}.$$

Da im Gewinnmaximum der Grenzgewinn gleich Null ist, lässt sich formulieren:

$$G' = E' - K' = 0 \quad \Rightarrow \quad E' = K'.$$

Der Erlös bzw. der Grenzerlös berechnet sich als:

$$E = p * x,$$

$$E' = \frac{\partial E}{\partial x} = p \quad \Rightarrow \quad K' = p,$$

d. h. im Gewinnmaximum entspricht der Marktpreis den Grenzkosten. Es handelt sich immer dann um ein Gewinnmaximum, nicht um ein Verlustmaximum, wenn die 2. partielle Ableitung der Gewinnfunktion kleiner Null ist. Dies ist im steigenden Ast der Grenzkostenkurve der Fall, wenn die Grenzkosten schneller steigen als der Grenzerlös. Das Gewinnmaximum ist erreicht, wenn der Marktpreis $\bar{p}$ dem Grenzerlös entspricht, also die Menge $\bar{x}$ produziert wird. Der Gesamtgewinn ergibt sich graphisch als Fläche zwischen Marktpreis und totalen Stückkosten, rechnerisch als Differenz der beiden Werte, multipliziert mit der Produktionsmenge. Das Unternehmen erzielt immer dann einen Gewinn, wenn der Marktpreis über dem Minimum der totalen Stückkosten, der **Gewinnschwelle**, liegt (vgl. Abbildung 4.5).

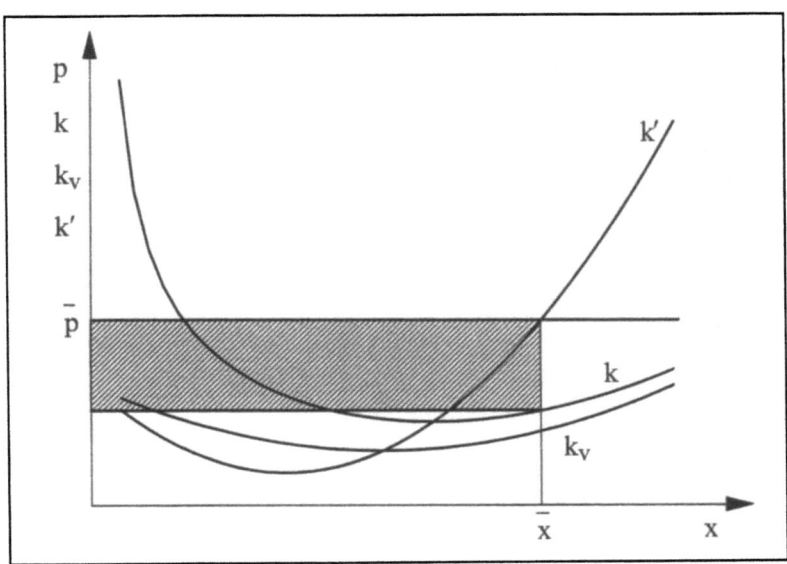

Abbildung 4.5: Gewinnmaximierung

Sinkt der Marktpreis unter diese Grenze, dann können nicht mehr alle mit der Produktion verbundenen Kosten gedeckt werden. Kurzfristig kann die Aufrechterhaltung der Produktion trotzdem sinnvoll sein, wenn der Marktpreis höher als die variablen Stückkosten ist. In diesem Fall sind zwar die Fixkosten nicht (vollständig) gedeckt, das Unternehmen kann den entstehenden Verlust jedoch kleiner halten, als er bei einer Einstellung der Produktion wäre. Erst wenn der Marktpreis unter das Minimum der variablen Stückkosten fällt, entsteht durch die Produktion ein höherer Verlust als ohne Produktion. Das Minimum der variablen Kosten wird deshalb als **Produktionsschwelle** bezeichnet.

Die Angebotsfunktion eines Unternehmens ergibt sich als Teil der Grenzkostenfunktion, denn es gilt:

1. Für das Unternehmen ist es sinnvoll, die Produktion aufzunehmen, wenn der Marktpreis über dem Minimum der variablen Stückkosten liegt.

2. Der Gewinn ist bei einem gegebenen Marktpreis immer dann maximal, wenn die Menge produziert wird, für die sich Marktpreis und Grenzkosten entsprechen.

Abbildung 4.6 verdeutlicht den Zusammenhang. Die Angebotsfunktion entspricht dem durchgezogenen Teil der Grenzkostenkurve. Da bei Produktionsmengen, die zwischen der Produktions- und der Gewinnschwelle liegen nicht alle Fixkosten gedeckt sind, kann dieses Produktionsniveau nur kurzfristig gehalten werden. Langfristig führt die Unterdeckung der Fixkosten zum Niedergang des Unternehmens.

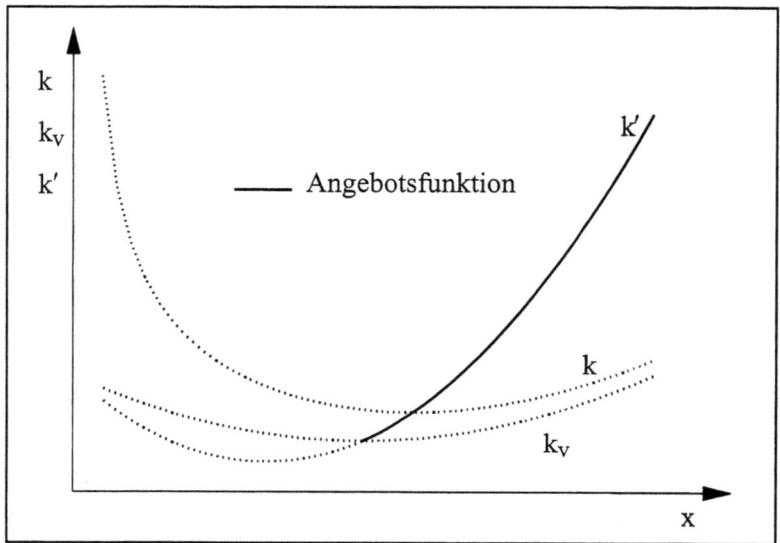

Abbildung 4.6: Die Angebotsfunktion

Die gesamtwirtschaftliche Angebotsfunktion ergibt sich, indem bei gegebenem Marktpreis die individuellen Angebotsmengen der Unternehmen addiert werden. Somit gehen nicht nur die Angebotsmengen der verschiedenen Unternehmen in die gesamtwirtschaftliche Angebotsfunktion ein, sondern indirekt auch die Fähigkeit kostengünstig zu produzieren.

Welche Reaktion der Angebotsmenge auf eine relative Preisänderung zu erwarten ist, lässt sich dann mit Hilfe der **Preiselastizität des Angebots** ermitteln. Im Normalfall wird die Preiselastizität des Angebots ein positives Vorzeichen haben, da mit steigendem Marktpreis eine Ausweitung der Angebotsmenge einhergehen dürfte.

Beispiel 4.2: Bestimmung der optimalen Produktionsmenge

Unternehmerin A muss entscheiden, welche Menge ihres Produktes Z sie produzieren lassen soll. Der Marktpreis für das Gut beträgt 70 GE. Die Kostenfunktion bzw. die Erlösfunktion lautet:

$$K = 80 + x^3 - 18x^2 + 130x,$$
$$E = 70x.$$

Graphisch ergibt sich:

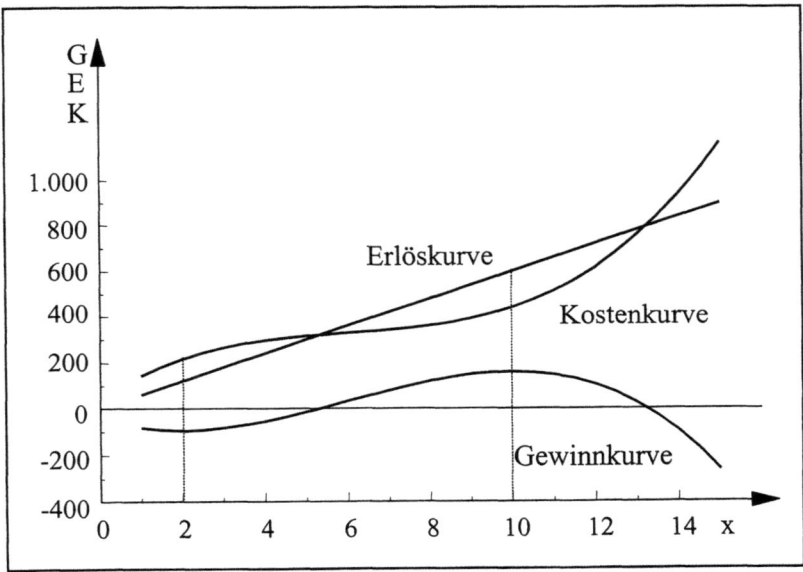

Abbildung 4.7: Die optimale Produktionsmenge

Da im Gewinnmaximum der Grenzgewinn Null ist, bildet A die ersten partiellen Ableitungen der beiden Funktionen, setzt sie gleich und bestimmt dann die Produktionsmengen:

$$K' = \frac{\partial K}{\partial x} = 3x^2 - 36x + 130$$

$$E' = \frac{\partial E}{\partial x} = 70$$

$$70 = 3x^2 - 36x + 130$$

$0 = 3x^2 - 36x + 60$
$0 = x^2 - 12x + 20$
$x_{1,2} = +6 \pm \sqrt{36 - 20}$ $\Rightarrow$ $x_1 = 10$ und $x_2 = 2$

Im Fall der Produktionsmenge $x_2 = 2$ ist zwar die erste Bedingung $E' = K'$ erfüllt, nicht aber die Bedingung, dass die zweite Ableitung der Gewinnfunktion kleiner Null ist. Diese Bedingung wird nur von der Produktionsmenge $x_1 = 10$ erfüllt. Den maximalen Gewinn kann Unternehmerin A erzielen, wenn sie 10 Stück produziert.

Übungsaufgaben zum 4. Kapitel

Aufgabe 4.1:
Was besagt das Coase-Theorem?

Aufgabe 4.2:
Bestimmen Sie die Minimalkostenkombination zur Herstellung von 81 Outputeinheiten, wenn 12 GE für eine Einheit v_1 und 8 GE für eine Einheit v_2 zu zahlen sind. Die Produktionsfunktion lautet: $x = 0{,}5 v_1^2 * v_2$.

Aufgabe 4.3:
Von welchen Faktoren wird der Verlauf des Expansionspfades beeinflusst?

Aufgabe 4.4:

Definieren Sie die Begriffe: fixe Kosten, variable Kosten und versunkene Kosten.

Aufgabe 4.5:

Beschreiben Sie den typischen ertragsgesetzlichen Kostenverlauf.

Aufgabe 4.6:

Bestimmen Sie den optimalen Produktionsplan, wenn der Marktpreis des Produktes 80 GE beträgt und die Kostenfunktion des herstellenden Unternehmens lautet: $K = 200 + x^3 - 2x^2 + 80x$.

5. Preistheorie

Der Markt gilt als ökonomischer Ort, an dem Güterangebot und Güternachfrage aufeinander treffen und die Preisbildung stattfindet. Auf den Märkten werden nicht nur Güter getauscht, sondern auch Informationen bezüglich der angebotenen Mengen und Preise. Märkte können sich jedoch in vieler Hinsicht unterscheiden und das bleibt nicht ohne Einfluss auf den Preis.

5.1 Die Klassifizierung von Märkten

Die Märkte können sowohl quantitativ als auch qualitativ höchst unterschiedlich strukturiert sein. Zur Klassifizierung werden deshalb verschiedene Markttypen und deren Besetzung voneinander abgegrenzt. Dies ist vor allem deshalb sinnvoll, da die Gestaltung des Marktes nicht ohne Einfluss auf die Preisbildung ist.

5.1.1 Die Bestimmungsmerkmale von Markttypen

Basierend auf qualitativen Aspekten, wie dem Organisationsgrad, dem Grad der Offenheit und dem Vollkommenheitsgrad, können einzelne Markttypen unterschieden werden. Der **Grad der Offenheit** eines Marktes, der zwischen geschlossen und mehr oder weniger offen schwanken kann, bestimmt, unter welchen Bedingungen es einem Wirtschaftssubjekt möglich ist, am Marktgeschehen teilzunehmen. Im Wesentlichen ist zwischen rechtlichen und wirtschaftlichen Beschränkungen zu unterscheiden. Im rechtlichen Bereich ergeben sich Hemmnisse etwa aufgrund von vorgeschriebenen Kenntnissen, Standortbeschränkungen oder staatlichen Verordnungen, wie Importbeschränkungen oder Staatsmonopolen. Im wirtschaftlichen Bereich erweisen sich unter anderem die Wettbewerbssituation und die eingesetzten Produktionsverfahren, aber auch die Höhe der versunkenen Kosten, als Markteintrittsbarrieren.

Auch der **Organisationsgrad** eines Marktes lässt sich als Unterscheidungskriterium heranziehen. Es wird zwischen schwächer und stärker organisierten Märkten unterschieden. Neben rechtlichen Bestimmungen (Vertragsnormen, Ladenöffnungszeiten, etc.) sind es auch traditionelle Gründe oder Konventionen, von denen der Organisationsgrad eines Marktes abhängt (Wertpapierbörse, Produktbörsen).

Vom **Vollkommenheitsgrad** eines Marktes gehen entscheidende Impulse auf die Preisbildung aus. Nur auf einem vollkommenen Markt gilt das auf *W. Jevons* zurückgehende **Gesetz der Unterschiedslosigkeit der Preise**. Es besagt, dass auf einem Markt nur ein Preis, der aus Käufersicht niedrigste, herrschen kann. Deshalb müssen sich beide Marktseiten als **Mengenanpasser** verhalten. Dies stellt eine merkliche Einschränkung der Anpassungsoptionen dar, denn auf nicht vollkommenen Märkten besteht auch die Möglichkeit der Preisanpassung oder des Optionsempfangs. Der Vollkommenheitsgrad eines Marktes wird von zwei Faktoren, der Markttransparenz und der Homogenität der Güter, bestimmt.

Die **Homogenität der Güter** ist immer dann gegeben, wenn die Käufer die Güter als gleichwertig erachten. Dies ist der Fall, wenn:

- keine **qualitativen Unterschiede** zwischen den Gütern bestehen, selbst wenn diese nur auf subjektiven Werturteilen basieren,
- keine **zeitlichen Unterschiede** bestehen, die Güter gleiche Lieferfristen haben,
- keine **räumlichen Unterschiede** bestehen, d. h. die Anbieter sich in gleicher räumlicher Entfernung vom Nachfrager befinden,
- keine **persönlichen Präferenzen** bestehen, die etwa auf persönliche Erfahrungen oder alte Geschäftsbeziehungen zurückzuführen sind.

Auf die Darstellung weiterer Aspekte, die zur Unterscheidung von Gütern beitragen, wie etwa der Service oder die Zahlungsbedingungen, soll an dieser Stelle verzichtet werden. Generell lassen sich aus der Anwendung des Marketingmix-Instrumentariums eine Vielzahl von Differenzierungspunkten ableiten.

Die Bedingung der vollständigen **Markttransparenz** setzt voraus, dass Anbieter und Nachfrager stets über alle marktrelevanten Faktoren informiert sind. Dies umfasst nicht nur die Kenntnis der angebotenen Mengen und Preise, sondern auch Informationen über Produktions- bzw. Kostenstrukturen. Obwohl der höchste Vollkommenheitsgrad eines Marktes nur selten erreicht werden dürfte, ist die Auseinandersetzung mit diesem Ideal notwendig, um bestehende Beschränkungen erkennen und bewerten zu können.

Neben den erwähnten Kriterien, Offenheits-, Organisations- bzw. Vollkommenheitsgrad, stehen eine Reihe weiterer qualitativer Merkmale zur Differenzierung der Märkte zur Verfügung. So eignet sich das am Markt herrschende Verhalten ebenso zur Unterscheidung wie die Anpassungsfähigkeit und die Anpassungsgeschwindigkeit, um nur zwei zu nennen.

5.1.2 Die Bestimmungsmerkmale von Marktformen

Was die Zahl der Nachfrager oder der Anbieter angeht, die auf einem Markt zusammentreffen, bestehen sehr viele Kombinationsmöglichkeiten. Allein für die Bestimmung des von der Marktform ausgehenden Einflusses auf die Preise, soll es zunächst ausreichen, zwischen wenigen Grundformen zu unterscheiden. In Anlehnung an die morphologische Kategorisierung nach *H. v. Stackelberg* werden neun Marktformen voneinander abgegrenzt (vgl. Tabelle 5.1).

Tabelle 5.1: Morphologisches Marktformenschema nach Stackelberg

Anzahl der	Nachfrager		
Anbieter	einer	wenige	viele
einer	zweiseitiges Monopol	beschränktes Angebotsmonopol	Angebotsmonopol
wenige	beschränktes Nachfragemonopol	zweiseitiges Oligopol	Angebotsoligopol
viele	Nachfragemonopol	Nachfrageoligopol	zweiseitiges Polypol

Die Bestimmung der in einem Markt vorherrschenden Marktform empfiehlt sich auch, da sich in Abhängigkeit von der Marktform bestimmte Strategien als erfolgreich erweisen. So können die Wirtschaftssubjekte in einseitig monopolistischen Marktformen zumeist autonom entscheiden, während sich in oligopolistischen Formen vor allem kooperatives Verhalten, aber auch autonomes, kämpferisches Agieren als erfolgreich erweist. In zweiseitigen Monopolen sind Kooperationen, eventuell in Verbindung mit der Fixierung oder dem Empfang von Optionen, sinnvoll.

Es sollen lediglich die Grundlagen alternativer Preisbildungsformen behandelt werden. Deshalb ist es ausreichend, sich auf wenige Marktformen, die ein merklich unterschiedliches Verhalten der Marktteilnehmer implizieren, zu konzentrieren. Dabei ist es vorteilhaft, die Gliederung der Märkte nach der Anzahl der Marktteilnehmer um den herrschenden Vollkommenheitsgrad zu ergänzen. Gerade der Vollkommenheitsgrad hat starken Einfluss auf die vorzufindenden Verhaltensmuster. Die entsprechende Kategorisierung wurde in Tabelle 5.2 vorgenommen.

Tabelle 5.2: Marktformenschema

Anzahl der Anbieter	**Markttyp**	
	vollkommener Markt	**unvollkommener Markt**
einer	Monopol	monopolistische Preisdifferenzierung
wenige	homogenes Oligopol	heterogenes Oligopol
viele	homogenes Polypol	heterogenes Polypol

Festzustellen ist, dass die beiden extremen Marktformen, das Monopol und das Polypol, sich in der Praxis nur selten finden lassen. Die Darstellung dieser Extreme ist trotzdem sinnvoll, da nur so die Vor- und Nachteile der verschiedenen Markttypen bewertet werden kann. Bevor auf den Preisbildungsmechanismus der einzelnen Marktformen im Detail eingegangen wird, sollen zunächst einige grundsätzliche Überlegungen zur Preisbildung auf Märkten angestellt werden.

5.2 Das Marktgleichgewicht

Bekanntlich treffen die Marktteilnehmer ihre Angebots- bzw. ihre Nachfrageentscheidung zwar unter Berücksichtigung der herrschenden Preise, aber unabhängig von der jeweils anderen Marktseite. Wie sich der Preis auf Grundlage von Angebot und Nachfrage bildet, soll nun unter der Bedingung eines vollkommenen Marktes untersucht werden. Dabei zeigt sich, dass der Preis eine Ausgleichsfunktion besitzt. Der Preis erweist sich als Regulativ, das zum Marktgleichgewicht führt, in dem sich Angebots- und Nachfragemenge entsprechen.

In Abbildung 5.1 ist dieser Fall gegeben, wenn der Marktpreis dem Gleichgewichtspreis p_G entspricht. Das Marktgleichgewicht weist eine Reihe von Vorteilen auf:

- Angebotene und nachgefragte Mengen stimmen überein.
- Die umgesetzte Menge ist maximal.
- Der Preis ist pareto-effizient, denn keine Marktseite kann besser gestellt werden, ohne die andere Seite schlechter zu stellen.
- Die Summe aus Produzenten- und Konsumentenrente ist maximal (vgl. Seite 124).

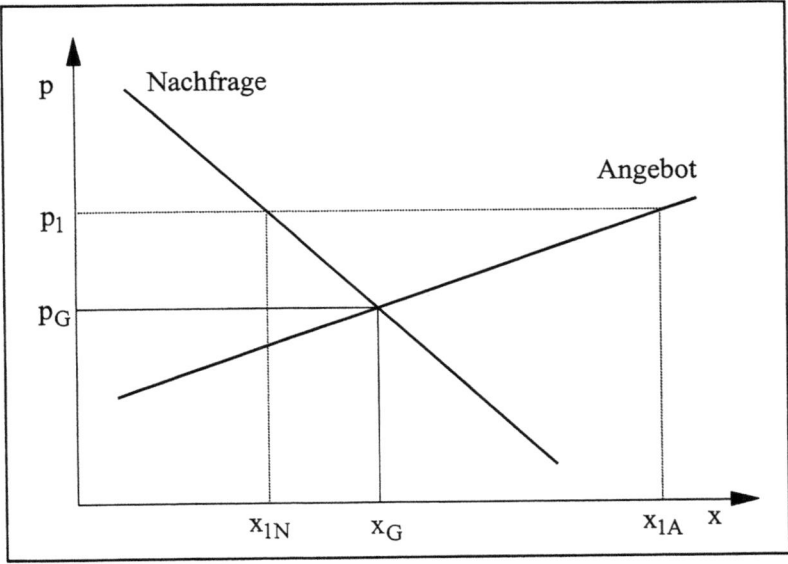

Abbildung 5.1: Das Marktgleichgewicht

Sollte der Preis, etwa aufgrund staatlicher Eingriffe, höher als der Gleichgewichtspreis sein, dann werden von den Produzenten mehr Güter angeboten, als nachgefragt werden. Es besteht ein **Angebotsüberhang** (= **Nachfragelücke**) in Höhe der Differenz zwischen x_{1A} und x_{1N}. Liegt der Marktpreis hingegen unter dem Gleichgewichtspreis, dann entsteht ein **Nachfrageüberhang** (= **Angebotslücke**), da zum niedrigeren Preis mehr Güter nachgefragt als angeboten werden.

Ein Marktgleichgewicht muss sich aber nicht zwangsläufig einstellen. Angebots- und Nachfragekurve können so verlaufen, dass es keinen gemeinsamen Punkt gibt. Erst wenn sich die Angebotskurve, etwa aufgrund veränderter Produktionsprozesse, und/oder die Nachfragekurve, aufgrund einer Neubewertung des Produktnutzens, verschieben, stellt sich ein Gleichgewicht ein. Die Existenz eines Marktgleichgewichts bedeutet nicht, dass alle Produzenten ihre Güter verkaufen können, oder alle Konsumwünsche befriedigt werden können. Nur jene Hersteller, die in der Lage sind, ihre Leistungen zum Marktpreis, oder darunter, anzubieten, kommen zum Zug. Dies sind Produzenten, die mit niedrigen Grenzkosten produzieren. Die also die notwendigen Ressourcen effizienter einsetzen als die Wettbewerber. Ähnlich verhält es sich mit der Befriedigung der Nachfrage der Käufer. Nur jene Käufer erhalten das Gut, die bereit sind, einen Preis zu zahlen, der dem Marktpreis entspricht oder darüber liegt. Das sind jene Käufer, die den Nutzen des Gutes relativ hoch einschätzen.

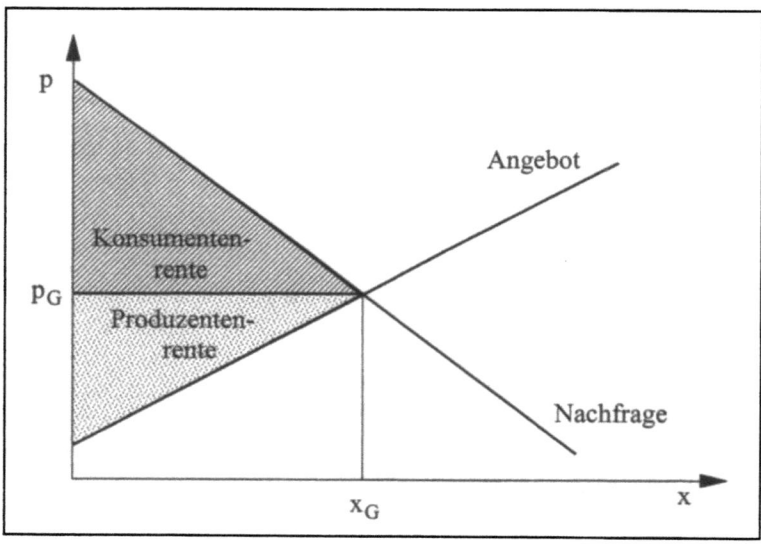

Abbildung 5.2: Produzenten- und Konsumentenrente

Der Vorteil, den beide Marktseiten durch die Abwicklung der Transaktionen über den Markt haben, kann an der Käufer- bzw. Produzentenrente gemessen werden. In Abbildung 5.2 entspricht die **Konsumentenrente** der grauen Fläche. Alle Nachfrager links vom Gleichgewichtspunkt sind offensichtlich bereit, einen höheren Preis als den Marktpreis zu zahlen. Die Differenz zwischen diesem Preis und dem Marktpreis kann aufgrund der Markttransaktion gespart werden.

Gleiches gilt für die **Produzentenrente**. Verschiedene Anbieter sind in der Lage, zu sehr niedrigen Grenzkosten zu produzieren und können ihre Produkte zu niedrigeren Preisen als dem Marktpreis anbieten. Wickeln diese Anbieter ihre Geschäfte allerdings über den Markt ab, erhalten sie den höheren Gleichgewichtspreis. Die Differenz zwischen dem individuellen Angebotspreis und dem Marktpreis ergibt die Produzentenrente, die als schraffierte Fläche dargestellt ist. Sie lässt sich auch als Gewinnüberschuss interpretieren.

Wie hoch die Vorteile für Nachfrager und Anbieter sind, hängt vom Verlauf der Angebots- bzw. der Nachfragekurve ab. Wobei sich generell zeigt, dass die Renten mit der Steigung der Kurven zunehmen, d. h. flache Kurvenverläufe ermöglichen nur geringe, steile dagegen deutlich höhere Renten.

Beispiel 5.1: Marktpreisbildung

Frau M arbeitet Kursmaklerin und betreut die Aktie Z. Ihre Aufgabe besteht darin, den Gleichgewichtspreis zu ermitteln, also jenen Preis, bei dem sich Angebot und Nachfrage entsprechen. An einem bestimmten Tag liegen ihr die in Tabelle 5.3 zusammengefassten Kauf- bzw. Verkaufsaufträge vor.

Tabelle 5.3: Kauf- bzw. Verkaufsaufträge der Aktie Z

Kurs der Aktie Z (GE)	Kaufaufträge	Verkaufsaufträge
100	3	1
105	6	5
110	14	8
115	10	8
120	5	10
125	3	10
130	2	6
135	2	4

Es ist zu berücksichtigen, dass bezüglich der Kaufaufträge der angegebene Kurs eine Preisobergrenze darstellt. Dagegen fungieren auf der Verkaufsseite die angegebenen Kurse als Preisuntergrenze. Deshalb kann Frau M die Aufträge aggregieren, denn wer beispielsweise seine Aktie zum Preis von 110 GE zum Verkauf stellt, ist auch bereit, einen Verkaufspreis von 120 GE zu akzeptieren (vgl. Tabelle 5.4). Entsprechend wird ein Käufer, der einen Preis von 125 GE zu zahlen bereit ist, keinen Widerspruch gegen einen Kaufpreis von 100 GE einlegen.

Tabelle 5.4: Aggregierte Auftragstabelle

Kurs der Aktie Z (GE)	Kaufaufträge	Verkaufsaufträge
100	45	1
105	42	6
110	36	14
115	22	22
120	12	32
125	7	42
130	4	48
135	2	52

Beträgt der Aktienkurs 115 GE, dann stimmen Angebot und Nachfrage überein, der Markt befindet sich im Gleichgewicht. Alle Transaktionen werden zum Marktpreis abgewickelt. Bedient werden alle Käufer, die bereit sind, einen Preis von 115 GE und mehr zu zahlen und alle Verkäufer, die bereit sind, einen Preis von 115 GE und weniger zu akzeptieren.

5.3 Die Preiswirkung von Angebots- oder Nachfrageänderungen

Die Existenz eines Marktgleichgewichts ist immer an eine bestimmte Angebots/Nachfrage-Konstellation gebunden. Ändern sich die Kurvenverläufe, dann stellt sich ein neuer Gleichgewichtspunkt ein. Die typischen Wirkungen von

Verschiebungen sind, normal verlaufende Funktionen vorausgesetzt, in Abbildung 5.3 dargestellt.

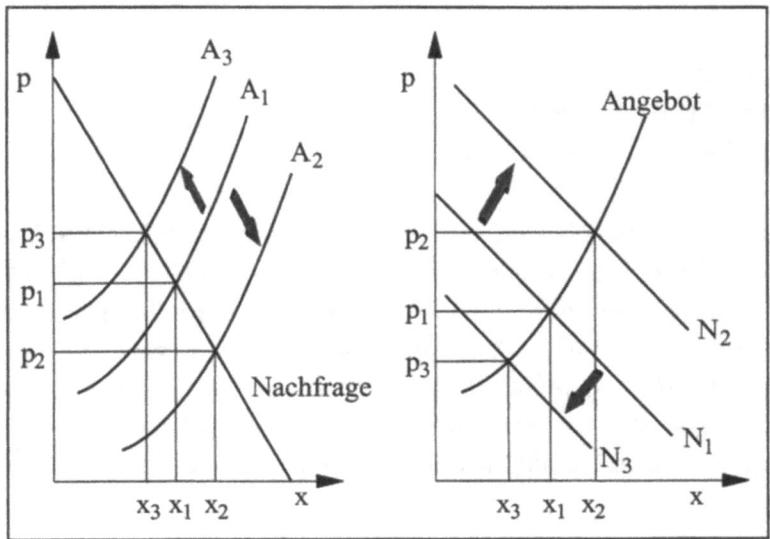

Abbildung 5.3: Verschiebungen der Angebots- bzw. Nachfragekurven

Angenommen, die Nachfrager schätzen den Nutzen eines Gutes höher als zuvor ein, dann verschiebt sich die Nachfragekurve nach rechts. Dies drückt die generelle Bereitschaft der Käufer aus, einen höheren Preis für das Gut zu zahlen. Bei unverändertem Angebot kommt es zu einem neuen Gleichgewicht, in dem gegenüber der Ausgangssituation sowohl die Gleichgewichtsmenge als auch der Gleichgewichtspreis gestiegen ist. Umgekehrt führt eine Verschiebung der Nachfragekurve nach links, zu einem niedrigeren Gleichgewichtspreis und einer geringeren Gleichgewichtsmenge.

Folgende Ursachen lassen sich für eine Verschiebung der Nachfragekurve ausmachen:
- Die Zahl der Nachfrager hat sich geändert,
- die Nutzeneinschätzung hat sich geändert,
- das Einkommen der Nachfrager hat sich geändert,
- die Preise komplementärer Güter haben sich geändert,
- die Preise substitutiver Güter haben sich geändert.

Auch angebotsseitig führen eine Reihe von Veränderungen zu Verschiebungen der Lage der Angebotskurve. Sie können darauf zurückgeführt werden, dass sich:

- die Produktionstechnik verändert hat,
- die Anbieterzahl geändert hat,
- die Faktorpreise geändert haben.

So führt der Einsatz neuerer, effizienterer Produktionstechnologien zu einer Rechtsverschiebung der Angebotskurve. Ein neues Gleichgewicht stellt sich dann bei niedrigerem Preis und höherer Menge ein. Wird dagegen das Angebot eingeschränkt, etwa weil die Faktorpreise gestiegen sind, dann kommt es zu einem neuen Gleichgewicht links vom alten Punkt; es wird nun weniger Menge zu höheren Preisen über den Markt abgewickelt. In den genannten Beispielen wird unterstellt, dass beide Marktseiten ohne Verzögerung auf die veränderte Situation reagieren.

5.4 Die verzögerte Anpassung

In diesem Abschnitt soll mittels eines einfachen dynamischen Modells, dem **Cobweb-Modell**, gezeigt werden, wie sich ein neues Marktgleichgewicht im Einzelnen einstellt. Ursprünglich wurde das Cobweb-Theorem zur Erklärung zyklischer Schwankungen des Schweinepreises in den USA vor dem zweiten Weltkrieg entwickelt, was die Annahmen plausibel macht. Folgende Annahmen werden getroffen:

1. Das Angebot ist kurzfristig starr, da der Verkäufer das Gut sofort verkaufen muss. Drohender Verderb der Ware wäre ein Grund für dieses Verhalten.
2. Der Produzent reagiert auf eine Änderung des Verkaufspreises nur verzögert, indem er den zuletzt erzielten Preis als Kalkulationsgrundlage für die nächste Periode heranzieht.
3. Die Käufer reagieren auf eine Preisänderung unmittelbar mit einer Anpassung ihrer Nachfragemenge.

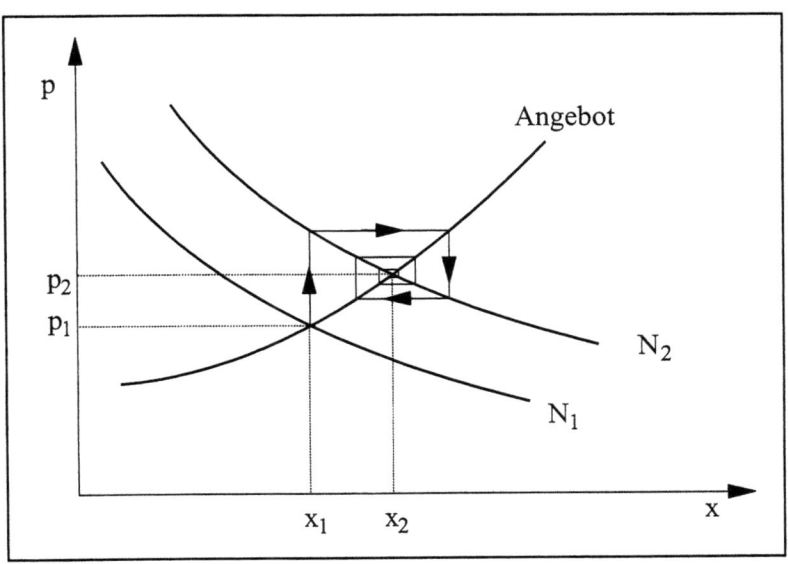

Abbildung 5.4: Das Cobweb-Modell

Der grundsätzliche Wirkungsmechanismus des Cobweb-Modells ist in Abbildung 5.4 dargestellt. Ausgehend von einer exogenen Änderung der Rahmenbedingungen, kommt es zu einer Rechtsverschiebung der Nachfragekurve. Gehen die Produzenten weiterhin von einem Gleichgewichtspreis p_1 aus, werden sie in der Folgeperiode die Menge x_1 anbieten. Zu dem Zeitpunkt, an dem das Angebot auf den Markt kommt, sind die Käufer jedoch bereit, für die angebotene Menge einen höheren Preis zu zahlen. Die Verkäufer erhalten den höheren Preis, realisieren einen Zusatzgewinn, und produzieren aufgrund des erwarteten höheren Preises eine größere Menge des Gutes. Allerdings sind die Nachfrager in der nächsten Periode angesichts der gestiegen Produktionsmenge, die auf den Markt drängt, nicht bereit, die Preisvorstellungen der Produzenten zu teilen. Bei gegebenerAngebotsmenge muss der Preis des Gutes sinken, damit es zu einem Marktausgleich kommt. Da die Produzenten diesen Preis wieder als Grundlage ihrer Überlegungen nehmen, wiederholt sich der Anpassungsprozeß in den nächsten Perioden. Ob sich letztlich ein neues Gleichgewicht einstellt, hängt von der Neigung der Angebots- bzw. der Nachfragekurve ab. Denkbar sind drei verschieden verlaufende Anpassungsprozesse, bei denen die Preiselastizitäten des Angebots bzw. der Nachfrage die entscheidende Rolle spielen:

- Zu einer **Konvergenz**, d. h. einer Stabilisierung des Systems und einem neuen Gleichgewicht, kommt es immer dann, wenn die Angebotskurve steiler verläuft als die Nachfragekurve. Dieser Fall ist in Abbildung 5.4 dargestellt.
- Verantwortlich für eine **Differenz**, d. h. eine Destabilisierung des Marktes, ist ein Verlauf der Nachfragekurve, der steiler ist als der der Angebotskurve. Dieser Fall könnte sich in der Praxis höchstens im Bereich von Spekulationsmärkten einstellen.
- Ein **Karussellmodell**, in dem sich keine Veränderungen ergeben, d. h. keine Anpassung stattfindet, stellt sich immer dann ein, wenn sich die Steigungen der beiden Kurven entsprechen. Bei steigenden Preisen weiten die Verkäufer ihre Mengen genau um die gleiche Menge aus, wie sie diese bei fallenden Preisen zurücknehmen.

Obwohl das Cobweb-Modell Anpassungsprozesse und deren Ursachen verdeutlichen kann, bleibt seine Aussagekraft beschränkt. Dies ist vor allem darauf zurückzuführen, dass Lernprozesse auf beiden Marktseiten ausgeschlossen bleiben.

5.5 Die Preisbildung bei atypischer Angebotsfunktion

Geht man davon aus, dass es kurzfristig nicht möglich ist die Angebotsmenge zu variieren, wie es zum Beispiel auf dem Wohnungsmarkt der Fall ist, dann verläuft die Angebotsfunktion parallel zur Preisachse. Das Angebot reagiert nicht auf Preisänderungen. Es ist vollkommen preisunelastisch. Wie in Abbildung 5.5 zu erkennen ist, stellt sich auch in diesem Fall ein Gleichgewicht ein, wenn sich Angebots- und Nachfragemenge entsprechen. Dies ist etwa in Punkt A gegeben. Untypisch ist allenfalls die Reaktion der Angebotsseite auf Änderungen der Nachfrage. Verschiebt sich nämlich die Nachfragekurve, etwa aufgrund von veränderten Präferenzen oder verändertem Einkommen, dann steigt allein der Gleichgewichtspreis. Es kommt kurzfristig nicht zur Veränderung der Angebotsmenge, weil sich diese nicht so schnell anpassen lässt. Die Angebotsfunktion verändert sich nur mittel- bis langfristig, wenn entweder durch die entstandenen Zusatzgewinne neue Anbieter an den Markt lockt werden, oder wenn die Anbieter ihre Kapazität erhöhen.

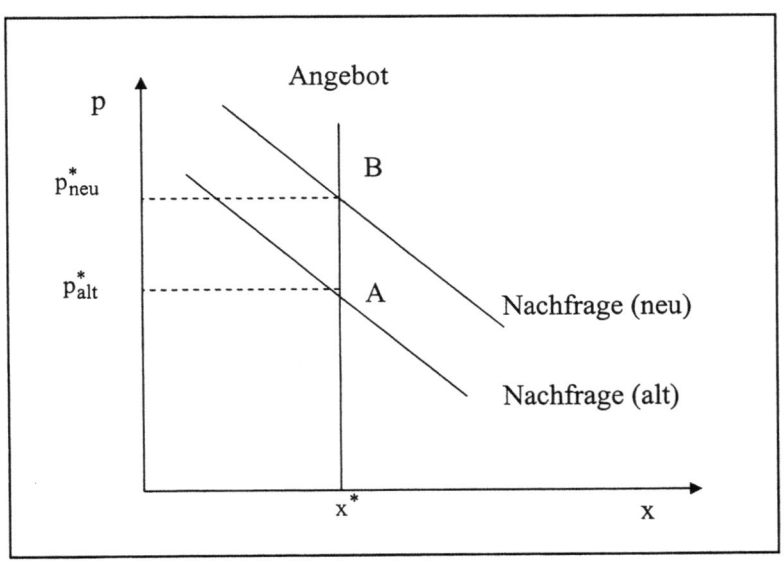

Abbildung 5.5: Die Preisbildung bei starrer Angebotsfunktion

5.6 Die Wirkung von Steuern auf das Marktgleichgewicht

Auch durch die Erhebung von Steuern verschiebt sich das Marktgleichgewicht. Je nachdem ob Steuern beim Konsumenten oder beim Produzenten erhoben werden, führen Steuern zu Veränderungen der Angebots- oder der Nachfragefunktion. Geht man davon aus, dass die Steuer als Mengensteuer beim Produzenten erhoben wird, wie es im Fall der Mineralölsteuer oder der Tabaksteuer der Fall ist, dann verschiebt sich die Angebotsfunktion nach oben. Die vom Produzenten zu zahlenden Steuern fließen in die Kostenrechnung der Produzenten ein und erhöhen entsprechend die Grenzkosten. Wie in Abbildung 5.6 zu erkennen ist, kommt es zu einem neuen Gleichgewicht, das oberhalb des alten Gleichgewichtspreises liegt. Durch die Besteuerung steigt also der Preis des Gutes und bei typischem Verlauf der Nachfragefunktion sinkt der Gleichgewichtspreis.

Die umgekehrte Reaktion ist zu erwarten, wenn die Produzenten durch den Staat subventioniert werden. Eine Subvention entspricht einer negativen Steuer und entlastet die Kostenrechnung der Unternehmen. Die Grenzkosten sinken und das Unternehmen kann zu niedrigeren Grenzkosten anbieten. Am Markt kommt es zu einem neuen Gleichgewicht, das sich bei niedrigeren Preisen und größerer Menge einstellt.

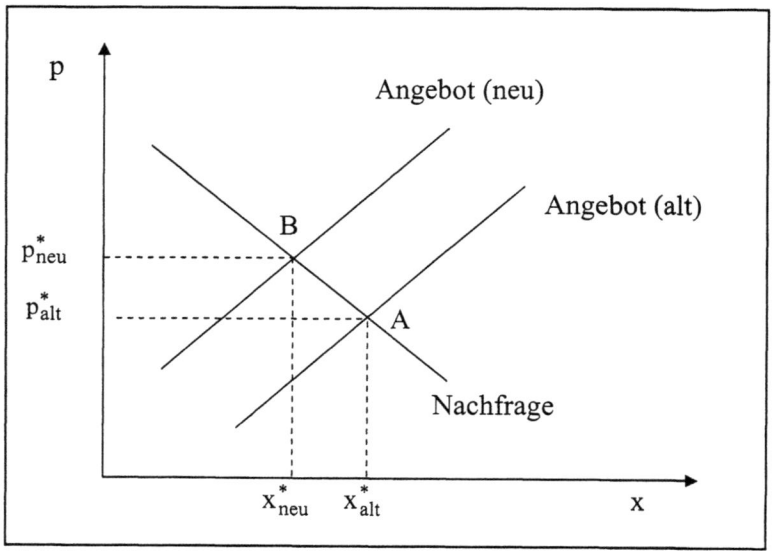

Abbildung 5.6: Die Wirkung von Steuern auf das Marktgleichgewicht

5.7 Die Wirkung von staatlichen Mindest- bzw. Höchstpreisen

Vereinzelt greift der Staat in einen Markt ein, um eine der beiden Marktseiten zu „schützen". So soll etwa im Fall des EU-Agrarmarktes durch das Festlegen von Mindestpreisen die Existenz den Produzenten gesichert werden. Die Verordnung von Mindestpreisen führt, wenn diese oberhalb des Gleichgewichtspreises liegen, zu einem Auseinanderfallen von Angebot und Nachfrage (vgl. Abbildung 5.7). Zu dem verordneten Mindestpreis werden die Produzenten eine größere Menge produzieren, als die Konsumenten bereit sind nachzufragen. Normalerweise würde ein solches Ungleichgewicht nicht bestehen, da der Markt zum Ausgleich tendiert. Angesichts der hohen Produktionsmenge würden die Preise sinken. Es käme zu einem Gleichgewicht, bei dem der Preis niedriger und die Angebotsmenge niedriger als im geregelten Markt wäre. Da beim festgelegten Preis Angebotsmenge und Nachfragemenge auseinander fallen, muss der Staat den Angebotsüberschuss vom Markt nehmen. Er schafft somit die zusätzliche Nachfrage, die notwendig ist, um den Mindestpreis zu halten.

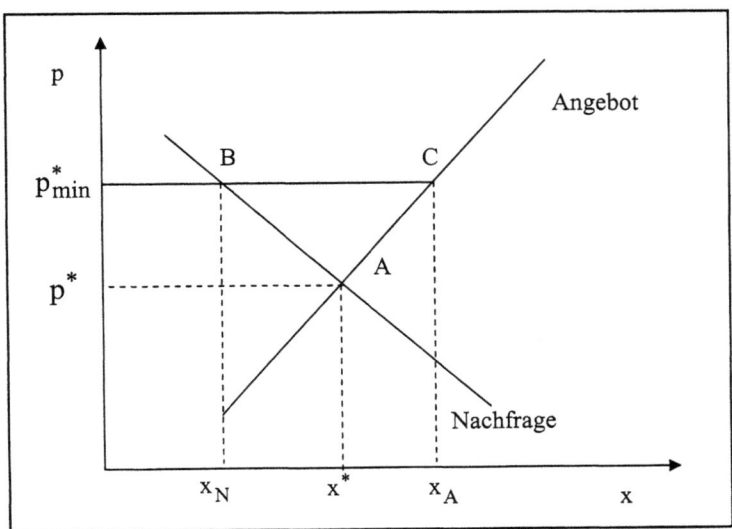

Abbildung 5.7: Die Wirkung von staatlichen Mindestpreisen

Sollte der Staat aus politischen Gründen andererseits versuchen die Preise für ein Gut, etwa ein Grundnahrungsmittel, niedrig zu halten, so kann er Höchstpreise verordnen.

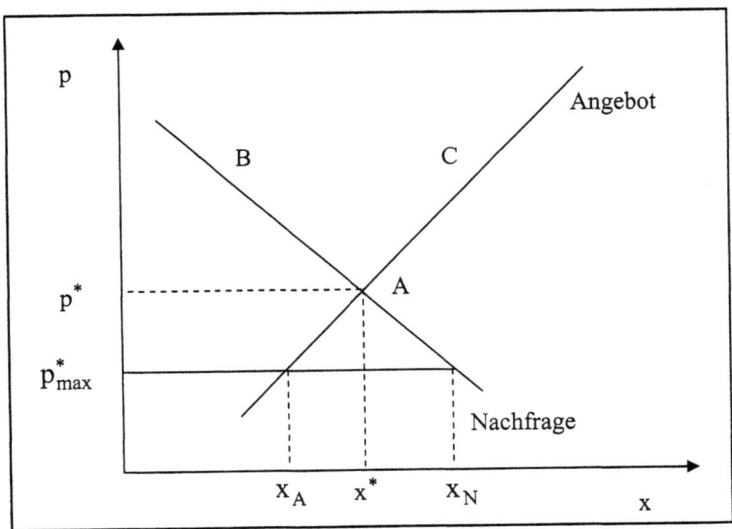

Abbildung 5.8: Die Wirkung von staatlichen Höchstpreisen

Auch in diesem Fall entsteht ein Ungleichgewicht zwischen Angebot und Nachfrage, nur das die Nachfrage das Angebot übersteigt (vgl. Abbildung 5.8). Der Staat wird dann zum zusätzlichen Produzenten, denn er muss den Nachfrageüberhang decken. Das kann er nur, wenn er das Gut teuer kauft und zum Höchstpreis verkauft. Die entstehende Preisdifferenz ist vom Staat zu tragen. Würde der Staat nicht für den Ausgleich von angebotener und nachgefragter Menge sorgen, dann entstände ein Nachfrageüberhang der zum Entstehen von Schwarzmärkten führt.

5.8 Die Marktpreisbildung im homogenen Polypol

Ein homogenes Polypol ist eine Marktform, in der viele kleine Anbieter auf einem vollkommenen Markt zusammentreffen. Die Marktmacht des einzelnen wird dadurch so klein, dass er keinen Einfluss auf die Preisbildung hat. Die im vorhergehenden Abschnitt grundsätzlich gemachten Aussagen lassen sich komplett auf die Situation der beiden Marktseiten im homogenen Polypol übertragen. In einem wenig organisierten Markt stellt sich im Fall normaler Angebots- bzw. Nachfragefunktionen ein Gleichgewicht ein, weil ein Angebotsüberschuss zu Preissenkungen, ein Nachfrageüberhang zu Preiserhöhungen führt.

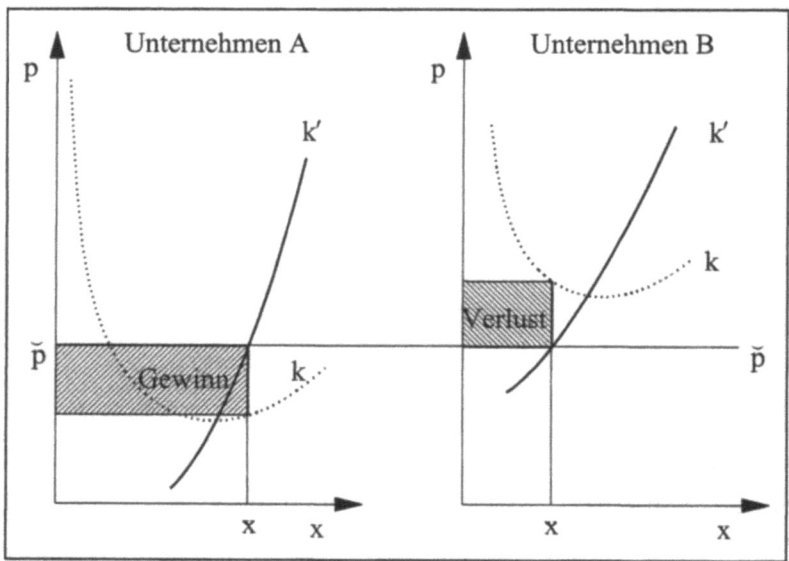

Abbildung 5.9: Der Zusammenhang zwischen Gewinn und Marktpreis.

Die allgemeine Analyse der Preisbildungsmechanismen hat gezeigt, dass in einem homogenen Polypol nur ein Preis herrscht. Im Folgenden soll untersucht werden, wie sich der Marktpreis auf die Gewinnsituation der Unternehmen auswirkt. Dazu wird unterstellt, dass sich das Gesamtangebot durch Aggregation des Angebots von nur zwei Unternehmen ergibt. Die beiden Unternehmen produzieren ein homogenes Gut unter Einsatz unterschiedlicher Produktionstechniken. Dies führt zu unterschiedlichen Grenzkostenverläufen (vgl. Abbildung 5.9). Während Unternehmen A beim herrschenden Marktpreis ($\bar{p}$) einen Gewinn erzielt, fallen im Unternehmen B Verluste an. Die Gewinne bzw. Verluste ergeben sich als Differenz zwischen Marktpreis und totalen Stückkosten, multipliziert mit der Produktionsmenge ($\bar{x}$). Als Konsequenz der entstehenden Verluste, wird Unternehmen B mittelfristig den Markt verlassen müssen.

Gleichzeitig erzielt Unternehmen A jedoch einen Gewinn. Angelockt durch die günstige Gewinnsituation des Unternehmens drängen neue Anbieter in den Markt. Dies gilt allerdings nur, wenn der Markt offen ist, also keine rechtlichen Markteintrittsbeschränkungen oder wirtschaftliche Hemmnisse bestehen. Durch die neuen Anbieter wird die Angebotsmenge erhöht, und die Angebotskurve verschiebt sich nach rechts. Als Reaktion fällt der Gleichgewichtspreis, während die Gleichgewichtsmenge zunimmt. Für Unternehmen A bedeutet dies, dass aufgrund des niedrigeren Marktpreises seine Gewinne zurückgehen. Langfristig ist mit einer Fortsetzung des Zuflusses neuer Unternehmen in den Markt zurechnen. Diese Entwicklung endet erst, wenn keine Gewinne mehr erzielt werden, der Markt mithin nicht mehr attraktiv ist. Tendenziell werden sich demnach in homogenen Polypolen nur noch **Grenzanbieter**, Unternehmen, deren Grenzkosten dem Marktpreis entsprechen, im Markt befinden.

Dies bedeutet jedoch keinesfalls, dass in den Unternehmen kein Gewinn entsteht. Ein Unternehmereinkommen, bestehend aus der Verzinsung des eingesetzten Kapitals, einem kalkulatorischen Unternehmerlohn und einer Grundrente für die Übernahme des unternehmerischen Risikos, wird bei der Kostenkalkulation stets berücksichtigt und ist auch in der Kostenfunktion enthalten. Somit kann es für den Unternehmer durchaus sinnvoll sein, als Grenzanbieter zu agieren, auch wenn in diesem Fall kein zusätzlicher Unternehmensgewinn entsteht.

5.9 Die Marktpreisbildung im Angebotsmonopol

Im Monopol steht einer Vielzahl von Nachfragern ein einziger großer Anbieter auf einem vollkommenen Markt gegenüber. Da der Monopolist gegenwärtig keine Konkurrenz hat, ist seine Marktmacht sehr hoch. Um sich diese günstige Position zu sichern, wird der Monopolist darauf achten, durch sein Verhalten keine potentiellen Wettbewerber anzulocken.

Der Vorteil des Monopolisten besteht darin, dass er sein Angebot unabhängig von anderen Anbietern planen kann. Allerdings legt ihm die Nachfragekurve Restriktionen auf. Während also für die Käufer im Angebotsmonopol der Preis ein Datum ist, an das sie ihre Nachfragemenge anpassen müssen, kann der Monopolist entweder den Angebotspreis oder die Angebotsmenge so festlegen, dass sie gewinnmaximal ist. Um sein Gewinnmaximum zu bestimmen, muss der Monopolist wissen, welche Produktionsmengen er bei alternativen Preisen absetzen kann. Dieser Zusammenhang wird in der Preisabsatzfunktion (= Nachfragefunktion) zum Ausdruck gebracht. Der Monopolist muss nun jenen Punkt auf der Nachfragefunktion suchen, bei dem sein Gewinn am höchsten ist.

Der im Folgenden dargestellte Lösungsansatz geht auf *A. Cournot* zurück. In Abschnitt 4.3 wurde erläutert, dass sich im Gewinnmaximum Grenzerlös und Grenzkosten entsprechen und die zweite partielle Ableitung der Gewinnfunktion im Gewinnmaximum negativ ist. Die Situation des Monopolisten unterscheidet sich von der des Polypolisten dahingehend, dass für ihn der Preis kein Datum ist, sondern sich entsprechend der Preisabsatzfunktion verändert. Es gilt:

$$p = f(x).$$

Mithin lässt sich der Monopolerlös bestimmen als:

$$E(x) = f(x) * x.$$

Indem die erste Ableitung der Erlösfunktion gebildet wird, entsteht die Grenzerlösfunktion (E').

$$E' = \frac{dE}{dx} = f(x) + x * \frac{df(x)}{dx}.$$

Wird nun der Preis an Stelle des Ausdrucks $f(x)$ gesetzt, ergibt sich:

$$E' = p + x * \frac{dp}{dx}.$$

Der Ausdruck verdeutlicht die Situation des Monopolisten. Erhöht er den Preis, dann steigt der Grenzerlös, gleichzeitig verändert sich aber seine Absatzmenge. Bei einem normalen Nachfrageverlauf wird die Menge mit steigendem Preis zurückgehen. Wie stark der Rückgang im Einzelfall ist, hängt vom Ausdruck dp/dx ab. Dem Mehrerlös aufgrund der Preiserhöhung steht demnach ein Erlösrückgang aufgrund der geringeren Absatzmenge gegenüber.

Zur Bestimmung des Gewinnmaximums werden Grenzerlös und Grenzkosten gleichgesetzt. Es ergibt sich:

$$G' = E' - K' = 0, \quad \text{bzw.}$$

$$p + x * \frac{dp}{dx} - \frac{dK}{dx} = 0.$$

In Abbildung 5.10 ist die graphische Ermittlung des Cournotschen Punktes (C) dargestellt.

Indem vom Schnittpunkt der Grenzerlöskurve mit der Grenzkostenkurve senkrecht nach oben auf die Preisabsatzfunktion gegangen wird, kann die gewinnmaximale Menge (x_{max}) bestimmt werden. Wird von diesem Punkt horizontal zur Preisachse gewechselt, ergibt sich der gewinnmaximale Preis (p_{max}). Dem Monopolisten steht es nun frei, wahlweise die Menge x_{max} anzubieten und sich den Preis über den Markt feststellen zu lassen (Preisanpassung), oder den Preis p_{max} zu fordern und die nachgefragte Menge zu liefern. Egal für welche Strategie er sich entscheidet, er wird in jedem Fall das von ihm gewünschte Ergebnis, den maximalen Gewinn, erzielen.

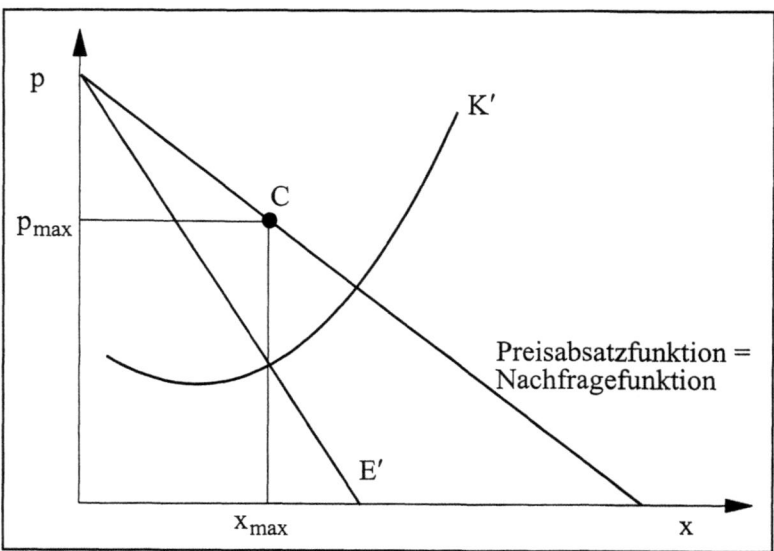

Abbildung 5.10: Bestimmung des Cournotschen Monopolpunkts

Beispiel 5.2: Bestimmung des Cournotschen Monopolpunkts

Unternehmerin A ist in ihrem Marktsegment Monopolistin. Sie möchte ihren Gewinn maximieren und will deshalb den Cournotschen Punkt bestimmen. Die Preisabsatzfunktion lautet:

$p = 200 - 10x$.

Daraus ergibt sich die Erlösfunktion als:

$E = 200x - 10x^2$.

Die Kostenfunktion lautet:

$K = 50 + 2x^2$.

Im Gewinnmaximum entsprechen sich bekanntlich Grenzerlös und Grenzkosten. Der Grenzgewinn ist mithin Null. Die Unternehmerin A bestimmt die gewinnmaximale Menge wie folgt:

G' = E' − K' = 0

200 − 20x = 4x

200 = 24x ⇒ x = 8,33$\overline{3}$.

Nun setzt sie die gewinnmaximale Menge in die Preisabsatzfunktion ein und erhält den gewinnmaximalen Preis

p = 200 − 10*8,33$\overline{3}$ = 116,66.

Zum Preis von 116,66 werden 8,333 Stück verkauft.

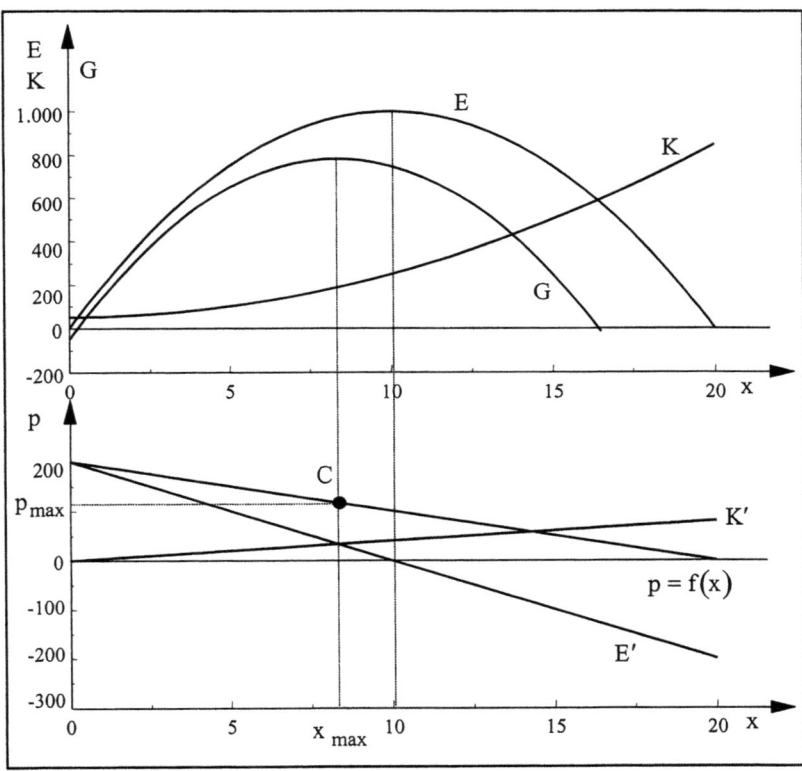

Abbildung 5.11: Bestimmung des Cournotschen Punktes

Wie im Polypol ist auch der Monopolgewinn des Monopolisten als zusätzlicher Unternehmensgewinn zu verstehen. Von der Höhe des Monopolgewinns hängt es ab, ob neue Anbieter in den Markt gelockt werden. Eine Änderung der Situation, egal ob die neuen Anbieter sich oligopolistisch oder polypolistisch verhalten würden, führt in jedem Fall zu einer Verringerung des Gewinns. Der Monopolist wird deshalb bestrebt sein, die gegenwärtige Marktform zu erhalten. Seine Ausgangssituation ist günstig, kann er doch den Angebotspreis kurzfristig bis zum Minimum der variablen Stückkosten senken und dadurch potentielle Eindringlinge abschrecken. Generelle Voraussetzung für das Aufbrechen des Monopols ist jedoch, dass die Anbieter einen freien Marktzutritt haben.

Ein Vergleich zwischen der monopolistischen und der polypolistischen Marktsituation ergibt, dass, bei ansonsten gleichen Bedingungen, vier Unterschiede bestehen. Dies sind im Einzelnen:

1. Der Monopolpreis liegt höher als der Polypolpreis.
2. Die Angebotsmenge im Monopol ist kleiner als die Angebotsmenge im Polypol.
3. Der Monopolist produziert im Gegensatz zum Polypolisten nicht mit den niedrigsten Kosten.
4. Der Monopolist erzielt dauerhaft einen zusätzlichen Gewinn.

Zusammenfassend kann festgestellt werden, dass die Versorgung der Nachfrager im Monopol schlechter als im Polypol und der Ressourceneinsatz häufig suboptimal ist. Deshalb gelten Monopole unter wohlfahrtstheoretischen Aspekten als nicht wünschenswerte Marktform, während die Polypole ein Ideal darstellen. Insgesamt sind jedoch beide Marktformen, zumindest in Reinform, in der Bundesrepublik Deutschland eher selten.

5.10 Die Marktpreisbildung im Angebotsoligopol

Auf oligopolistischen Märkten agieren wenige gleichgroße Anbieter, denen viele kleine Nachfrager gegenüberstehen. Die Besonderheit dieser Marktform besteht darin, dass jeder der Oligopolisten das Marktgeschehen beeinflussen kann. Somit muss jeder einzelne Anbieter auch die Aktivitäten der anderen Produzenten berücksichtigen und sie in seine Planungen einbeziehen. Allgemein wird davon gesprochen, dass im Oligopol eine Interdependenz zwischen den Handelnden besteht. Im Einzelnen hat jeder Oligopolist die Auswahl zwischen verschiedenen Verhaltensstrategien.

- Von einer **autonomen Strategie** wird gesprochen, wenn ein Oligopolist davon ausgeht, dass die Wettbewerber auf die eigenen Aktivitäten überhaupt nicht reagieren.
- Geht der Oligopolist davon aus, dass der Konkurrent auf seine Aktionen reagieren wird, sich ihnen jedoch letztlich unterordnen wird, dann verfolgt er eine **autonom-konjekturale** Strategie.
- Falls der Oligopolist eine **konjekturale Strategie** gewählt hat, versucht er, die Reaktion der anderen Oligopolisten vorwegzunehmen.

5.10.1 Der Cournotsche Lösungsansatz

Das älteste Oligopolmodell geht auf **A. Cournot** zurück. Es behandelt den Spezialfall eines Marktes mit zwei Anbietern, ein so genanntes Duopol. Auf diesem Markt wird ein homogenes Gut gehandelt. Cournot unterstellt ein für Oligopolisten eher untypisches Verhalten, denn die Anbieter gehen davon aus, dass der andere überhaupt nicht auf die Aktivitäten des anderen reagiert. Somit entscheidet jeder der Duopolisten autonom und maximiert seinen Gewinn, indem er die Angebotsmenge des anderen als gegeben erachtet.

Im homogenen Duopol wird der, für beide Anbieter gleiche, Marktpreis durch die Höhe des Gesamtangebots bestimmt. Das Gewinnmaximum ist für den einzelnen erreicht, wenn Grenzerlös und Grenzkosten übereinstimmen. Ausgehend von einer gegebenen Preisabsatzfunktion, setzt sich die Produktionsmenge aus dem Angebot beider zusammen. Über die Perioden stellt sich das Oligopolgleichgewicht, wobei ein Lerneffekt ausgeschlossen wird, nach Durchlaufen der folgenden Anpassungsprozesse ein:

- In der Ausgangssituation sei Anbieter 1 zunächst Monopolist, der nach dem Cournotschen Monopolmodell seinen gewinnmaximalen Preis bzw. seine gewinnmaximale Menge bestimmt.

- Erscheint nun ein zweiter Anbieter am Markt, dann verbleibt für ihn als Angebotsmenge maximal die Differenz zwischen Sättigungsmenge und Angebotsmenge des Anbieters 1.

- In der nächsten Planungsperiode nimmt Anbieter 1 die Produktionsmenge des Anbieters 2 in der vorherigen Periode als konstant an. Entsprechend plant er sein Angebot und bietet eine Menge an, die der Differenz zwischen erwarteter Produktion des Anbieters 2 und der Sättigungsmenge entspricht.

- Daraufhin plant Anbieter 2 seine Produktionsmenge, unter der Voraussetzung, dass Anbieter 1 seine Produktionsmenge aufrechterhält.

- Diese Anpassungsprozesse kommen erst zum Stillstand, wenn erwartete und tatsächliche Angebotsmenge übereinstimmen.

Formal lässt sich das Modell wie folgt formulieren. Ausgehend von einem homogenen Produkt, gilt für die Duopolisten eine gemeinsame Preisabsatzfunktion. Sie kann geschrieben werden als:

$$p = f(x_1 + x_2) = a - b(x_1 + x_2) = a - bx_1 - bx_2 \qquad \text{mit} \qquad a, b > 0.$$

Cournot wählte als Beispiel frei sprudelnde Mineralwasserquellen. In diesem vereinfachten Fall können die entstehenden Kosten unberücksichtigt bleiben und es gilt:

Erlös = Gewinn

Entsprechend lassen sich die Gewinnfunktionen formulieren als:

$$G_1 = p * x_1 = (a - bx_1 - bx_2) * x_1 = ax_1 - bx_1^2 - bx_2 x_1,$$
$$G_2 = p * x_2 = (a - bx_1 - bx_2) * x_2 = ax_2 - bx_1 x_2 - bx_2^2.$$

Die Angebotsfunktionen der Unternehmen ergeben sich aus der Gewinnmaximierungsbedingung. Dabei zeigt sich, dass diese jeweils von der Angebotsmenge des anderen Duopolisten abhängt. Es gilt:

$$\frac{\partial G_1}{\partial x_1} = a - 2bx_1 - bx_2 = 0 \quad \Rightarrow \quad x_1 = \frac{a - bx_2}{2b},$$

$$\frac{\partial G_2}{\partial x_2} = a - 2bx_2 - bx_1 = 0 \quad \Rightarrow \quad x_2 = \frac{a - bx_1}{2b}.$$

Je höher die Angebotsmenge des einen Konkurrenten ist, umso niedriger ist die eigene optimale Menge. Zur Bestimmung des Gleichgewichts werden die beiden Angebotsfunktionen gleichgesetzt. Es ergebent sich dann die Gleichgewichtsmenge und der Gleichgewichtspreis:

$$x_1 = x_2 = \frac{a - bx_2}{2b} = \frac{a - bx_1}{2b} = \frac{a}{3b},$$

$$p = a - b(x_1 + x_2) = a - b\left(\frac{a}{3b} + \frac{a}{3b}\right) = \frac{1}{3}a.$$

In dem von Cournot gewählten Beispiel entstehen keine Produktionskosten, insofern verfügen beide Unternehmen über die gleichen Kostenstrukturen und es erscheint logisch, dass sie sich den Markt teilen. In der überwiegenden Zahl der Fälle werden jedoch Produktionskosten entstehen, so dass die Fähigkeit, zu unterschiedlichen Grenzkosten zu produzieren, über die Marktanteile entscheiden wird.

5.10.2 Die geknickte Preisabsatzfunktion

Die Überlegungen der geknickten Preisabsatzkurve gehen auf *P. M. Sweezy* zurück und gelten für einen heterogenen Markt. Er geht davon aus, dass sich die oligopolistischen Anbieter bei einem Preisanstieg anders verhalten werden als bei einem Preisrückgang, sie sich somit asymmetrisch verhalten. Erhöht im Oligopol etwa ein Produzent seine Preise, dann wird seine Absatzmenge zurückgehen. Die Kunden werden ihren Bedarf teilweise mit den Produkten der Konkurrenten befriedigen. Dementsprechend verläuft die Preisabsatzfunktion im relevanten Bereich flach, d. h. die Preiselastizität der Nachfrage ist hoch. Die Wettbewerber sehen deshalb keine Veranlassung, auf eine Preiserhöhung des Wettbewerbers zu reagieren, sondern sind erfreut über die deshalb steigende Nachfrage nach ihren eigenen Produkten.

Gänzlich anders wird die Reaktion ausfallen, wenn ein Oligopolist die Preise reduziert, was Kunden anlocken würde. In diesem Fall sehen sich die Wettbewerber zum Handeln gezwungen und werden gleichfalls die Preise senken. Wenn alle Anbieter die Preise reduzieren, verläuft die Preisabsatzfunktion steil, weil eine Preissenkung bei gleichzeitigen Preisreduzierungen der Konkurrenten nur wenige Käufer zum Wechsel veranlasst.

Angesichts dieser Asymmetrie, Preissenkungen bewirken kaum Marktanteilsverbesserungen, Preiserhöhungen führen hingegen zu starken Marktanteilsverlusten, besteht die beste Strategie darin, einen einmal gesetzten Preis beizubehalten. Das Modell der geknickten Preisabsatzfunktion ist gut geeignet, die häufig beobachtete Starrheit der Preise in heterogenen oligopolistischen Märkten zu erklären.

Übungsaufgaben zum 5. Kapitel

Aufgabe 5.1:
Nennen und beschreiben Sie drei mögliche Bestimmungsmerkmale von Markttypen.

Aufgabe 5.2:
Welche Bedingungen müssen bei homogenen Gütern erfüllt sein?

Aufgabe 5.3:
Welche Vorteile bestehen im Marktgleichgewicht?

Aufgabe 5.4:
Wie kommt es zu einem Angebotsüberhang?

Aufgabe 5.5:
Was wird unter einer Konsumentenrente verstanden und wie entsteht sie?

Aufgabe 5.6:
Nennen Sie drei Ursachen für eine Nachfrageveränderung.

Aufgabe 5.7:
Welcher Zusammenhang lässt sich mittels des Cobweb-Theorem erläutern. Unter welchen Bedingungen kommt es zu einem neuen stabilen Gleichgewicht.

Aufgabe 5.8:

Welches Preisniveau wird sich auf lange Sicht in einem homogenen Polypol einstellen? Welche Implikationen ergeben sich demnach auf die Gewinnsituation der Unternehmen?

Aufgabe 5.9:

Ein Monopolist sieht sich der Preisabsatzfunktion $p = 3000 - 12x$ gegenüber. Seine Kostenfunktion lautet: $K = 100 + 3x^2$. Bestimmen sie die gewinnmaximale Produktionsmenge und den gewinnmaximalen Preis.

Aufgabe 5.10:

Welche alternativen Strategien stehen Oligopolisten zur Verfügung?

Tipps zur Lösung der Übungsaufgaben

Aufgabe 1.1:
Der homo oeconomicus entspricht dem klassischen Bild des Entscheidungsverhaltens der Wirtschaftssubjekte. An seine Stelle tritt in der modernen Mikroökonomie der eingeschränkt rational handelnde Mensch.

Aufgabe 1.2:
Es gilt das „Prinzip des unzureichenden Grundes" nach Laplace, dass heißt, alle Umweltzustände müssen als gleichwahrscheinlich erachtet werden.

Aufgabe 1.4:
Der Erwartungswert einer Handlungsalternative ergibt sich als Summe der mit ihren Eintrittswahrscheinlichkeiten gewichteten Zielwerte.

Aufgabe 1.5:
Ein Nash-Gleichgewicht ist erreicht, wenn kein Entscheider seinen Nutzen durch abweichendes Verhalten erhöhen kann.

Aufgabe 1.6:
Ein Entscheider ist nur dann indifferent zwischen seinen Strategien, wenn sie ihm den gleichen erwarteten Nutzen stiften. Wie hoch der Nutzen einer Strategie ist, wird wesentlich vom Konkurrenten mitbestimmt, denn von der Wahrscheinlichkeit, mit der er seine Strategien wählt, hängt der Nutzen der eigenen Strategie ab.

Aufgabe 2.2:
Die Indifferenzkurve ist der geometrische Ort aller Güterkombinationen,

 die den gleichen Nutzen stiften.

Aufgabe 2.3:
Das erste Gossensche Gesetz wird auch als Gesetz des abnehmenden

 Grenznutzens bezeichnet.

Aufgabe 2.4:
Der Grenznutzen ergibt sich als erste partielle Ableitung der Nutzenfunkti-

on nach dem jeweiligen Gut. Er gibt den zusätzlichen Nutzen an, den die letzte Einheit stiftet.

Aufgabe 2.5:
Die Grenzrate der Substitution entspricht dem umgekehrten Verhältnis der

 Grenzproduktivitäten. Es gilt: $GdS_{21} = \dfrac{f'_1}{f'_2}$.

Aufgabe 2.6:
Das Haushaltsoptimum kann mittels des Lagrange-Ansatzes ermittelt wer-

den. Graphisch ergibt es sich als Tangentialpunkt zwischen Budgetlinie und Indifferenzkurve.

Aufgabe 2.7:
Im Haushaltsoptimum (= Tangentialpunkt) haben Budgetlinie und Indiffe-

 renzkurve die gleiche Steigung.

Aufgabe 2.10:
Die Preiselastizität der Nachfrage (ε_{xp}) bzw. die Kreuzpreiselastizität ($\varepsilon_{x_i p_j}$) berechnet sich als:

$$\varepsilon_{xp} = \frac{dx_i}{x_i} : \frac{dp_i}{p_i} = \frac{dx_i}{dp_i} * \frac{p_i}{x_i},$$

$$\varepsilon_{x_i p_j} = \frac{dx_i}{x_i} : \frac{dp_j}{p_j} = \frac{dx_i}{dp_j} * \frac{p_j}{x_i}.$$

Aufgabe 3.7:
Die Isoquantengleichung ergibt sich durch Auflösen der Produktionsfunktion nach v_1 oder v_2. Sie lautet in diesem Fall:

$$v_1 = \left(\frac{x}{0{,}5 * v_2^{0{,}35}}\right)^{1/0{,}65}$$

Aufgabe 3.9:
Die Grenzrate der technischen Substitution berechnet sich als Verhältnis der Grenzproduktivitäten. Es gilt:
$$GTS_{21} = \frac{\frac{\partial x}{\partial v_1}}{\frac{\partial x}{\partial v_2}}.$$

Aufgabe 3.10:
Der Homogenitätsgrad bringt die Wirkung der totalen Faktorvariation auf den Ertrag zum Ausdruck. Formal lässt sich der Homogenitätsgrad bestimmen, indem der veränderte Ertrag als Ergebnis einer Multiplikation der Produktionsfunktion mit dem Faktor λ dargestellt wird. Es gilt:

$$\lambda^h * x^\circ = f\left(\lambda v_1^\circ, \lambda v_2^\circ\right).$$

Aufgabe 4.3:

Der Expansionspfad ergibt sich durch Verbinden der Minimalkostenkombinationen. Er ist das Ergebnis einer bestimmten Produktionstechnik und eines gegebenen Preisniveaus.

Aufgabe 4.6:

Die Gewinnfunktion lautet: $G = E - K = x*p - K$. Der Gewinn ist maximal, wenn gilt: $G' = E' - K' = 0$ bzw. $E' = K'$. Bei gegebener Kostenfunktion bestimmt sich der Erlös als: $E = p*x$.

Aufgabe 5.9:

Die Grenzerlösfunktion des Monopolisten lautet: $E' = p + x*\dfrac{dp}{dx}$. Auch für einen Monopolisten gilt, dass sich im Gewinnmaximum Grenzerlös und Grenzkosten entsprechen, der Grenzgewinn mithin Null ist. Es gilt: $G' = E' - K' = 0$

Musterlösungen zu den Übungsaufgaben

Aufgabe 1.1:
Für die Haushalte wird vorausgesetzt, dass sie sich rational verhalten. Früher prägte das Bild des homo oeconomicus, des strikt rational handelnden Menschens, der eine Nutzenmaximierung anstrebt, die mikroökonomische Literatur. In der neuen Mikroökonomie tritt an seine Stelle häufig der eingeschränkt rational handelnde Mensch, der versucht ein „befriedigendes" Nutzenniveau zu erreichen. Insbesondere aufgrund der Schwierigkeit, über alle relevanten Sachverhalte vollständig informiert zu sein, erweist sich der homo oeconomicus als schwer aufrecht zu erhaltendes Abbild menschlichen Entscheidungsverhaltens. Die Vorteile des Konstrukts homo oeconomicus bestehen in der Einfachheit und Klarheit des Modells, dass in der Anwendung des Wirtschaftlichkeitsprinzips besteht. Nachteilig ist der geringe Erklärungsanteil des tatsächlichen menschlichen Entscheidungsverhaltens.

Aufgabe 1.2:
In einer Entscheidungssituation bei Ungewissheit liegen dem Entscheider keine oder nur geringe Informationen bezüglich der Eintrittswahrscheinlichkeit einzelner Umweltzustände vor. Er muss deshalb davon ausgehen, dass alle Umweltzustände gleich wahrscheinlich sind (Prinzip des unzureichenden Grundes). Entsprechend der Risikopräferenz der Entscheider stehen verschiedene Entscheidungsregeln (Maximin-Regel, Maximax-Regel, Hurwicz-Kriterium u.a.) zur Verfügung. Die Bewertung der Marktchancen von innovativen Produkten, die Prämienberechnung von Versicherungen für Neuprodukte oder die Einschätzung der Erfolgschancen auf Auslandsmärkten sind Beispiele für Entscheidungssituationen bei Ungewissheit.

Aufgabe 1.3:
Nach der Maximin-Regel, die eine pessimistische Einstellung zum Ausdruck bringt, wählt Frau A die Alternative, die ihr im schlechtesten Fall das beste Ergebnis erbringt. In unserem Beispiel ist der schlechteste Fall für die Alternative A_1 der Studienort Hamberg, der nur drei Nutzenpunkte erbringt. Für die Alternative A_2 führen alle Umweltzustände zum gleichen Nutzen, von jeweils 4 Nutzenpunkten. Die Alternative A_3 erbringt ihr im

schlechtesten Fall (U_2) 2 Nutzenpunkte. Nach der Maximin-Regel wird Frau A Alternative A_2 wählen, die ihr im schlechtesten Fall 4 Nutzenpunkte erbringt.

Nach der Maximax-Regel ist sie sehr optimistisch und wählt die Alternative, die ihr im besten Fall den höchsten Nutzen bringt. Alternative A_1 bringt im besten Fall einen Nutzen von 7, A_2 einen Nutzen von 4 und A_3 einen Nutzen von 8. Frau A sollte deshalb Volkswirtschaftslehre studieren.

Nach den Hurwicz-Kriterium muss Frau A zunächst ihren Optimismus-Pessimismus-Index bestimmen. Sie stellt fest, dass sie ein eher optimistischer Mensch ist und gewichtet die Maxima der Alternativen mit 0,6 und die Minima entsprechend mit 0,4. Somit ergibt sich für die einzelnen Alternativen:

$A_1 = 0{,}6*7 + 0{,}4*3 = 5{,}4$
$A_2 = 0{,}6*4 + 0{,}4*4 = 4{,}0$
$A_3 = 0{,}6*8 + 0{,}4*2 = 5{,}6$

Frau A sollte sich deshalb für Alternative A_3 entscheiden.

Aufgabe 1.4:

Da es sich um eine Entscheidungssituation bei Risiko handelt, wird Frau X die Alternative mit dem höchsten Erwartungswert wählen. Nach der Formel:

$$\mu_i = \sum_{j=1}^{n} w_j * z_{ij}$$

berechnen sich für die einzelnen Handlungsalternativen folgende Erwartungswerte:

$A_1 = 0{,}25*4 + 0{,}55*4 + 0{,}2*4 = 4{,}00$
$A_2 = 0{,}25*10 + 0{,}55*4 + 0{,}2*0 = 4{,}70$
$A_3 = 0{,}25*6 + 0{,}55*5 + 0{,}2*3 = 4{,}85$

Frau X wird sich für das Cordon bleu entscheiden.

Tatsächlich wird Frau X das Gericht gut, weniger gut oder nicht gelingen. Es wird sich ein Umweltzustand konkretisieren. Insofern kann sie „Glück" oder Pech haben. Fest steht, dass keine der möglichen Realisierungen einen Nutzen von 4,85 aufweist, denn der Erwartungswert entspricht dem mittleren Nutzen einer Alternative und dieser wird bekanntlich stark von Ausreißern beeinflusst.

Aufgabe 1.5:
Ein Nash-Gleichgewicht stellt sich ein, wenn Anbieter A einen hohen Preis und Anbieter B einen mittleren Preis für ihr Produkt verlangen. Vom Unternehmen A ausgehend würde dieses bei einem mittleren Produktpreis den höchsten Gewinn realisieren, wenn B gleichzeitig einen niedrigen Preis wählt. Davon würde Unternehmen B allerdings Abstand nehmen, denn wenn A Strategie A_2 wählt, dann stellt sich B besser, wenn er einen mittleren Preis fordert. Dies vorausgesetzt, erzielt A einen höheren Gewinn, wenn es die Preise erhöht. In dieser Konstellation kann, bei gegebener Strategie des Konkurrenten, kein Anbieter seine Position durch abweichendes Verhalten verbessern. Ein Nash-Gleichgewicht ist erreicht.

Aufgabe 1.6:
Jedes Unternehmen wird die Strategie präferieren, die ihm einen höheren Gewinn ermöglicht. Nur wenn verschiedene Strategien den gleichen Erwartungswert aufweisen, sind die Entscheider indifferent zwischen den Strategien. Somit lässt sich die Gleichgewichtsbedingung für Unternehmen A formulieren als:

$$90 * w_{B1} + 130 * w_{B2} = 140 * w_{B1} + 30 * w_{B2},$$
$$90 * w_{B1} + 130 * (1 - w_{B1}) = 140 * w_{B1} + 30 * (1 - w_{B1}),$$
$$100 * (1 - w_{B1}) = 50 * w_{B1} \quad \Rightarrow \quad 0{,}6667 = w_{B1} \quad \text{und} \quad 0{,}3333 = w_{B2}.$$

Nur wenn Unternehmen B seine Strategie 1 mit einer Wahrscheinlichkeit von 66,6667 % und seine Strategie 2 mit einer Wahrscheinlichkeit von 33,3333 % wählt, ist A zwischen seinen Strategien indifferent.

Für Unternehmen B lautet die Gleichgewichtsbedingung:

$$230 * w_{A1} + 30 * w_{A2} = 70 * w_{A1} + 190 * w_{A2},$$
$$230 * w_{A1} + 30 * (1 - w_{A1}) = 70 * w_{A1} + 190 * (1 - w_{A1}),$$
$$160 * w_{A1} = 160 * (1 - w_{A1}) \quad \Rightarrow \quad 0,5 = w_{A1} \quad \text{und} \quad 0,5 = w_{A2}.$$

Unternehmen A muss in der Hälfte der Fälle eine niedrige Kapazität und in der anderen Hälfte der Fälle eine hohe Kapazität aufbauen, damit B indifferent zwischen seinen Strategien ist. Jede Abweichung von diesen Wahrscheinlichkeiten, lässt eine Strategie für den Wettbewerber lohnender sein, als eine andere. Er wird diese Strategie dann mit Sicherheit wählen.

Aufgabe 1.7:
Wenn individuelle und kollektive Rationalität voneinander abweichen, kann es zu Gefangenen-Dilemma-Situationen kommen. Die erzielten Lösungen sind dann suboptimal, d. h. die Ergebnisse sind nicht zwangsläufig pareto-effizient.

Aufgabe 2.1:
Die kardinale Nutzentheorie geht davon aus, dass der Haushalt in der Lage ist, jedem Gut einen bestimmten, anhand einer Kardinalskala messbaren, Nutzenwert zuzuordnen. Die ordinale Nutzentheorie setzt dagegen nur die Fähigkeit des Haushalts voraus, den Nutzen den die Güter stiften in eine Reihenfolge (Ordinalskala) zu bringen.

Aufgabe 2.2:
Die Indifferenzkurve lässt sich formal aus der Nutzenfunktion ableiten, indem, ausgehend von einem bestimmten Nutzenniveau, die Gleichung nach einem der Güter aufgelöst wird. Es ergeben sich dann alle Güterkombinationen, die den gleichen Nutzen stiften. Anhand der Indifferenzkurve lassen sich zudem die Austauschverhältnisse zwischen den Gütern bestimmen, was anhand der Grenzrate der Substitution, der betragsmäßigen Steigung der Indifferenzkurve, geschied.

Aufgabe 2.3:

Das erste Gossensche Gesetz besagt, dass mit wachsender Konsummenge eines Gutes der Nutzen, den die jeweils zuletzt konsumierte Einheit stiftet, abnimmt. Die Konsequenz daraus ist, dass die erste Einheit eines Gutes stets den höchsten Nutzen stiftet. Gerade bei komplementären Gütern, kann sich jedoch der Nutzen so entwickeln, dass die Grenznutzen zunächst mit steigender Konsummenge zunehmen. Als Beispiel kann etwa der Konsum von Erdnüssen herangezogen werden. Sicherlich wird der Nutzen der ersten Nuss nicht maximal sein, da allein aufgrund der geringen Menge kaum ein Geschmackserlebnis zu erzielen ist. Erst wenn mehr Nüsse verzehrt werden, stellt sich ein positives Geschmackserlebnis ein. Deshalb wird der Grenznutzen der Erdnüsse zunächst zunehmen um später wieder abzunehmen.

Aufgabe 2.4:

Zur Ermittlung der Grenznutzen müssen die partiellen Ableitungen der Nutzenfunktion gebildet werden. Es ergeben sich für die Güter x_1 bzw. x_2 folgende Werte:

$$\frac{\partial U}{\partial x_1} = f_1' = 0{,}8 x_1^{-0{,}2} * x_2^{0{,}7} \text{ (Grenznutzenfunktion Gut 1)},$$

$$\frac{\partial U}{\partial x_2} = f_2' = 0{,}7 x_1^{0{,}8} * x_2^{-0{,}3} \text{ (Grenznutzenfunktion Gut 2)}.$$

Wenn von beiden Gütern jeweils 10 Einheiten konsumiert werden, betragen die Grenznutzen:

für x_1: $f_1' = 0{,}8 * 10^{-0{,}2} * 10^{0{,}7} = 2{,}5299$ (Nutzeneinheiten),

für x_2: $f_2' = 0{,}7 * 10^{0{,}8} * 10^{-0{,}3} = 2{,}2136$ (Nutzeneinheiten).

Die zuletzt konsumierte Einheit des Gutes 1 stiftet einen Nutzen von 2,5299 Einheiten. Der Nutzen der zehnten Einheit des Gutes 2 lässt den Nutzen um 2,2136 Einheiten steigen.

Der Gesamtnutzen bestimmt sich durch die Nutzenfunktion. Werden die angegebenen Verbrauchsmengen eingesetzt, dann ergibt sich:
$U = x_1^{0,8} * x_2^{0,7} = 10^{0,8} * 10^{0,7} = 31,6228$ (Nutzeneinheiten).

Der Nutzen des Haushaltes durch den Konsum von jeweils 10 Einheiten der Güter beträgt 31,6228 Nutzeneinheiten.

Aufgabe 2.5:
Die Grenzrate der Substitution berechnet sich als:

$$GdS_{21} = \frac{f_1'}{f_2'} = \frac{2,5299}{2,2136} = 1,1429$$

Wenn auf eine Einheit des Gutes 1 verzichtet werden soll, werden 1,1429 zusätzliche Einheiten des Gutes 2 benötigt, um das Nutzenniveau zu halten.

Das Gesetz der abnehmenden Grenzrate der Substitution besagt, dass je weniger von einem Gut eingesetzt wird, es um so schwieriger ist, dieses zu ersetzen, da von dem anderen Gut große Mengen notwendig sind, um einen entstehenden Nutzenrückgang auszugleichen.

Aufgabe 2.6:
Das Haushaltsoptimum kann mittels der Lagrange-Funktion berechnet werden. Zunächst wird die Budgetgleichung, d. h. die Nebenbedingung, formuliert. Sie lautet:

$300 = 10x_1 - 15x_2$.

Danach kann die Lagrange-Gleichung aufgestellt werden. Es ergibt sich:
$L = \left(x_1^{0,5} * x_2^{0,5}\right) + \lambda\left(300 - 10x_1 - 15x_2\right)$.

Es werden zunächst die partiellen Ableitungen gebildet. Sie lauten:

(1) $\frac{\partial L}{\partial x_1} = 0,5 x_1^{-0,5} * x_2^{0,5} - 10\lambda = 0$

(2) $\dfrac{\partial L}{\partial x_2} = 0{,}5 x_1^{0,5} * x_2^{-0,5} - 15\lambda = 0$

(3) $\dfrac{\partial L}{\partial \lambda} = 300 - 10 x_1 - 15 x_2 = 0$

Wird Gleichung (1) durch Gleichung (2) dividiert, kann λ eliminiert werden und es ergibt sich:

$$\dfrac{0{,}5 x_1^{-0,5} * x_2^{0,5}}{0{,}5 x_1^{0,5} * x_2^{-0,5}} = \dfrac{10}{15}$$

Das Auflösen der Gleichung nach x_2 führt zu:

$$\dfrac{0{,}5 x_2^{0,5} * x_2^{0,5}}{0{,}5 x_1^{0,5} * x_1^{0,5}} = \dfrac{10}{15}$$

$$\dfrac{x_2}{x_1} = \dfrac{10}{15}$$

$15 x_2 = 10 x_1 \quad \Rightarrow \quad x_2 = 0{,}6666 * x_1$

Wird dieser Ausdruck in Gleichung (3) eingesetzt, folgt daraus:

$300 - 10 x_1 - 15 * (0{,}6666 * x_1) = 0$

$300 - 20 x_1 = 0$

$x_1 = 15 \quad \Rightarrow \quad x_2 = 0{,}6666 * 15 = 10$

Im Haushaltsoptimum werden 15 Einheiten x_1 und 10 Einheiten von x_2 konsumiert.

Eine Preiserhöhung wirkt wie ein Einkommensrückgang. Der Haushalt kann sein altes Nutzenniveau nicht mehr erreichen, auch wenn der Preis des anderen Gutes konstant bleibt.

Aufgabe 2.7:

Das 2. Gossensche Gesetz besagt, dass im Haushaltsoptimum die letzte Geldeinheit in jeder Verwendung den gleichen Nutzen stiftet. Da im Haushaltsgleichgewicht die Indifferenzkurve und die Budgetlinie die gleiche Steigung haben, stimmt dort das Verhältnis der Grenznutzen mit dem Preisverhältnis überein.

Aufgabe 2.8:
Wird eines der Güter relativ zum anderen Gut teurer, dann substituiert der Haushalt dieses Gut. Der Substitutionseffekt lässt sich verdeutlichen, indem zunächst davon ausgegangen wird, dass der Haushalt subventioniert wird, und zwar in einem Umfang, der es ihm erlaubt, das alte Nutzenniveau zu erreichen.

Tatsächlich wirkt eine Preiserhöhung jedoch wie eine Einkommensreduzierung. Es wird deshalb vom Einkommenseffekt einer Preiserhöhung gesprochen, wenn der Haushalt nicht mehr in der Lage ist, sein ursprüngliches Nutzenniveau zu erreichen. Der Einkommenseffekt ist dafür verantwortlich, dass nicht die subventionierte Gütermengenkombination, sondern eine andere realisiert wird.

Aufgabe 2.9:
Die Engelsche Kurve stellt den Zusammenhang zwischen dem Einkommen und der nachgefragten Menge eines Gutes her, indem es die im Haushaltsoptimum realisierten Mengen als Bezugspunkt wählt. Die Engelsche Kurve gilt demnach stets für ein gegebenes, d. h. unverändertes Preisniveau.

Aufgabe 2.10:
Die (direkte) Preiselastizität der Nachfrage bringt zum Ausdruck, welche relative Mengenänderung die relative Preisänderung eines Gutes bewirkt. Sie ist geeignet, unterschiedliche Güter hinsichtlich ihrer Mengenreaktion zu vergleichen. Die Kreuzpreiselastizität setzt dagegen die relative Preisänderung eines Gutes, mit der daraus resultierenden relativen Mengenänderung eines anderen Gutes in Zusammenhang. Für Substitutionsgüter ist die Kreuzpreiselastizität stets positiv, während sie für Komplementärgüter stets negativ ist.

Aufgabe 2.11:
Die Preiselastizität berechnet sich als:

$$\varepsilon_{xp} = \frac{dx_i}{dp_i} * \frac{p_i}{x_i}$$

Zunächst ist die erste Ableitung der Preisabsatzfunktion zu bilden sie gilt:

$x_1 = 200 - 5p$,

$\frac{dx_1}{dp_1} = -5$.

Wenn der Preis 20 GE beträgt, werden entsprechend der Preisabsatzfunktion 100 Stück nachgefragt, so dass der Durchschnittspreis an dieser Stelle folgenden Wert hat:

$\frac{p_i}{x_i} = \frac{5}{100} = 0{,}05$.

Somit ergibt sich eine Preiselastizität der Nachfrage von:

$-5 * 0{,}05 = -0{,}25$.

Da eine 1 %ige Erhöhung des Preises nur zu einem Mengenrückgang von 0,25 % führt, steigt der Umsatz bei einer Preiserhöhung. Bei unveränderten Kosten erhöht sich der Gewinn, so dass eine Preiserhöhung empfehlenswert ist.

Aufgabe 2.12:

Der Haushalt wird zunächst mit steigendem Lohn mehr Arbeit anbieten. Erst wenn der Lohn eine gewisse Grenze überschritten hat, nimmt das Arbeitsangebot bei steigendem Lohn ab, weil die Freizeitpräferenz an Bedeutung gewinnt, wenn die Versorgung des Haushaltes gut ist. Gleichzeitig wird der Haushalt auch dann sein Arbeitsangebot ausdehnen, wenn der Lohn so niedrig ist, dass das Einkommen ansonsten unter das Existenzminimum fällt.

Aufgabe 3.1:

Unternehmen entstehen, weil Menschen aufgrund angeborener oder erworbener Fähigkeiten einen komparativen Vorteil bei der Herstellung eines Gutes haben. Mehr-Personen-Unternehmen sind zudem in der Lage, die Produktivitätsvorteile der Arbeitsteilung zu nutzen. Hinzu kommt, dass immer, wenn die internen Koordinationskosten unter den Transaktionskosten liegen, ein zusätzlicher Kostenvorteil besteht.

Aufgabe 3.2:

Komparative Kostenvorteile sind relative, nicht zwangsläufig absolute Vorteile, die ein Unternehmen gegenüber der Konkurrenz hat. Zwei Unternehmen produzieren Apfelsaft und Mineralwasser. Ihre Leistungen pro Minute sind in Tabelle 1 zusammengefasst.

Tabelle 1: Komparative Kostenvorteile

Unternehmen	Saft: Flaschen/Std.	Wasser: Flaschen/Std.	Verhältnis Saft/Wasser	Verhältnis Saft/Wasser
A	15.000	20.000	15.000/20.000 = 0,750	20.000/15.000 = 1,333
B	14.000	18.000	14.000/18.000 = 0,777	18.000/14.000 = 1,286

Obwohl Unternehmen A sowohl in der Herstellung von Saft als auch von Wasser einen absoluten Vorteil besitzt, kann Unternehmen B Saft relativ besser herstellen als Wasser. In der Zeit in der Unternehmen A eine Flasche Wasser produziert, könnte es 0,75 Faschen Saft abfüllen. Unternehmen B hingegen kann in der Zeit in der es eine Flasche Wasser abfüllt, 0,777 Flaschen Saft abfüllen.

Aufgabe 3.3:

Im Rahmen der Produktionstheorie muss zum einen erklärt werden, welche Mengen seiner Güter ein Unternehmen herstellen soll und zum anderen, welche Mengen der Inputfaktoren im Produktionsprozess eingesetzt werden sollen.

Aufgabe 3.4:

Eine Produktionsfunktion ist stets Ausdruck einer bestimmten Produktionstechnik. Ändert sich das technische Umfeld, verändert sich auch die Produktionsfunktion.

Aufgabe 3.5:

Es lassen sich substitutionale und limitationale Produktionsfunktionen unterscheiden. In limitationalen Produktionsfunktionen stehen die Produktionsfaktoren in einem festen Austauschverhältnis zueinander. Im Fall von substitutionalen Produktionsfunktionen ist es möglich, die Produktionsfaktoren gegeneinander auszutauschen. Im Fall totaler Substitutionalität kann auf den Einsatz eines Inputfaktors vollständig verzichtet werden, während im Fall partiell substitutionaler Funktionen alle Faktoren in den Prozess eingehen müssen.

Aufgabe 3.6:

Die Produktionselastizität misst die relative Änderung des Outputs als Ergebnis einer relativen Änderung des Inputs. Sie ist eine dimensionslose Größe und eignet sich deshalb besonders für übergreifende Vergleiche.

Aufgabe 3.7:

Die Isoquantengleichung für x = 20 lautet:

$$v_1 = \left(\frac{20}{0{,}5 * v_2^{0{,}35}}\right)^{1/0{,}65}$$

Mit den in Tabelle 2 angegebenen Mengenkombinationen lassen sich 20 Gütereinheiten produzieren.

Tabelle 2: Faktormengenkombinationen

v_1	84,38	58,10	35,47	24,42	16,82
v_2	10	20	50	100	200

Aufgabe 3.8:

Durchschnittsertrag ($\varnothing x_1$), Produktionskoeffizient ($\frac{1}{\varnothing x_1}$), Grenzertrag ($\hat{x}_1$) und Produktionselastizität (ε_{xv_1}) berechnen sich wie folgt:

$$\varnothing x_1 = \frac{x}{v_1} = \frac{0{,}5 * v_1^{0,65} * v_2^{0,35}}{v_1} = \frac{0{,}5 * 40^{0,65} * 40^{0,35}}{40} = 0{,}5.$$

Wird die angegebene Faktormengenkombination zur Produktion eingesetzt, dann können mit einer Einheit v_1 durchschnittlich 0,5 Gütereinheiten hergestellt werden.

$$\frac{1}{\varnothing x_1} = \frac{v_1}{x} = \frac{40}{20} = 2.$$

Zur Herstellung einer Produkteinheit werden bei der gegebenen Faktorkombination 2 Einheiten v_1 benötigt.

$$\hat{x}_1 = \frac{\partial x}{\partial v_1} = 0{,}325 * v_1^{-0,35} * v_2^{0,35} = 0{,}325 * 40^{-0,35} * 40^{0,35} = 0{,}325.$$

Eingesetzt an der Stelle $v_1 = 40$ und $v_2 = 40$ erzeugt die zuletzt eingesetzte Einheit v_1 einen zusätzlichen Ertrag von 0,325.

$$\varepsilon_{xv_1} = \frac{\frac{\partial x}{\partial v_1}}{\frac{x}{v_1}} = \frac{\partial x}{\partial v_1} * \frac{v_1}{x} = 0{,}325 * 2 = 0{,}65.$$

Wird, unter den bekannten Bedingungen, der Input um 1 % erhöht, dann erhöht sich der Output um 0,65 %.

Aufgabe 3.9:

Die Grenzrate der technischen Substitution gibt das Austauschverhältnis zwischen den Inputfaktoren an. Sie berechnet sich als Verhältnis der

Grenzproduktivitäten. Es gilt:

$$\hat{x}_1 = \frac{\partial x}{\partial v_1} = 0{,}325 * v_1^{-0{,}35} * v_2^{-0{,}35} = 0{,}325 * 20^{-0{,}35} * 20^{-0{,}35} = 0{,}325,$$

$$\hat{x}_2 = \frac{\partial x}{\partial v_2} = 0{,}175 * v_1^{0{,}65} * v_2^{-0{,}65} = 0{,}175 * 20^{0{,}65} * 20^{-0{,}65} = 0{,}175,$$

$$GTS_{21} = \frac{\frac{\partial x}{\partial v_1}}{\frac{\partial x}{\partial v_2}} = \frac{0{,}325}{0{,}175} = 1{,}8571.$$

Soll im Produktionsprozess auf eine Einheit v_1 verzichtet werden, dann müssen vom Faktor v_2 1,8571 Einheiten mehr eingesetzt werden, um die Produktionsmenge zu halten.

Aufgabe 3.10:
Der Homogenitätsgrad der ersten Gleichung berechnet sich als:

$$\lambda^h x = 0{,}8 * (\lambda v_1)^{0{,}4} * (\lambda v_2)^{0{,}8} = 0{,}8 * \lambda^{0{,}4} * \lambda^{0{,}8} \left(v_1^{0{,}4} * v_2^{0{,}8} \right) \quad \Rightarrow h = 1{,}2.$$

Eine Verdoppelung des Inputs führt zu einem 2,3 fachen Output.

Der Homogenitätsgrad der zweiten Gleichung ergibt sich als:

$$\lambda^h x = 4 * (\lambda v_1)^3 * (\lambda v_2)^{-0{,}5} = 4 * \lambda^3 * \lambda^{-0{,}5} \left(v_1^3 * v_2^{-0{,}5} \right) \quad \Rightarrow h = 2{,}5$$

Eine Verdoppelung des Inputs führt zu einem 5,66 fachen Output.

Aufgabe 3.11:
Typischerweise verläuft die ertragsgesetzliche Produktionsfunktion in vier Phasen.

- In Phase I steigt die Grenzproduktivität, da durch einen erhöhten Einsatz des Faktors eine Mangelsituation ausgeglichen werden kann. Gesamtertrag und Durchschnittsertrag steigen ebenfalls. Der Durchschnittsertrag liegt jedoch noch unter der Grenzproduktivität, da jeder zusätzliche Inputfaktor einen größeren Ertragszuwachs bewirkt. Das Ende der ersten Phase ist gleichzusetzen mit dem Maximum der Grenzproduktivität.

- In Phase II steigt der Gesamtertrag weiter, jedoch langsamer als in der ersten Phase, denn die Grenzproduktivität fällt mit steigendem Faktoreinsatz. Da die Grenzproduktivität jedoch weiterhin über dem Durchschnittsertrag liegt, nimmt dieser weiterhin zu. Die 2. Phase geht zu Ende, wenn Grenzproduktivität und Produktivität (= Durchschnittsertrag) einander entsprechen. Dies ist stets im Maximum des Durchschnittsertrags der Fall, wo die zuletzt eingesetzte Inputeinheit den gleichen Ertrag erbringt, wie der Durchschnitt der Inputfaktoren zuvor.
- In Phase III steigt der Gesamtertrag nur noch wenig. Die Grenzproduktivität sinkt unter den Durchschnittsertrag und infolgedessen fällt auch der Durchschnittsertrag, wobei er jedoch stets höher als die Grenzproduktivität bleibt. Am Ende der dritten Phase ist das Maximum des Gesamtertrags erreicht und die Grenzproduktivität wird Null.
- In Phase IV fällt der Gesamtertrag bei erhöhtem Faktoreinsatz und die Grenzproduktivität wird negativ. Ein weiterer Faktoreinsatz wäre ökonomisch nicht sinnvoll, da sich das eingesetzte Produktionsverfahren in diesem Bereich als ineffizient erweist.

Aufgabe 3.12:
Die Inputfaktoren werden wie folgt bezeichnet:
Stuhlbein = v_1, Sitzfläche = v_2, Rückenlehne = v_3, 12-mm-Schraube = v_4 und 20-mm-Schraube = v_5. Der gegebene technische Zusammenhang lässt sich in einer limitationalen Produktionsfunktion formulieren als:

$$x = \min(0{,}25v_1; v_2; v_3; 0{,}125v_4; 0{,}5v_5).$$

Aufgabe 3.13:
Werden die vorhandenen Lagerbestände in die Produktionsfunktion eingesetzt, dann ergibt sich:

$$x = \min(0{,}25*320; 75; 80; 0{,}125*400v_4; 0{,}5*210v_5)$$
$$x = \min(80; 75; 80; 50; 105) = 50.$$

Mit den vorhandenen Lagerbeständen lassen sich maximal 50 Stühle herstellen.

Aufgabe 3.14:
In der Edgeworth-Box werden die Möglichkeiten aufgezeigt, mit einem gegebenen Faktorbestand, zwei verschiedene Produkte herzustellen. Dazu werden die Indifferenzkurven der beiden Produkte in ein Schachteldiagramm eingezeichnet, dessen Kantenlänge der Menge der zur Verfügung stehenden Inputfaktoren entspricht. Es gilt nun die Inputfaktoren zwischen der Produktion der Güter aufzuteilen. Dabei zeigt sich, dass nur jene Outputmengenkombinationen pareto-optimal sind, an denen sich die unterschiedlichen Indifferenzkurven tangieren. Pareto-optimal sind Punkte, an denen von einem Gut nicht mehr produziert werden kann, ohne dass vom anderen Gut weniger hergestellt wird.

Aufgabe 3.15:
Die Transformationskurve oder Produktionsmöglichkeitenkurve ist der geometrische Ort aller Gütermengenkombinationen, die mit den vorhandenen Inputfaktoren hergestellt werden können. Entsprechend gibt die Grenzrate der Transformation an, wie viel von einem Gut mehr produziert werden kann, wenn vom anderen Gut infinitesimal weniger erzeugt wird.

Aufgabe 4.1:
Das Coase-Theorem besagt, dass sich externe Kosten pareto-effizient internalisieren lassen, wenn es zu Verhandlungen zwischen Verursacher und Betroffenem kommt. Voraussetzung hierfür ist, dass einer der Verhandlungspartner die Eigentumsrechte am Gut erhält.

Aufgabe 4.2:
Als Kostenfunktion des Unternehmens ergibt sich:

$$K = 12v_1 + 8v_2.$$

Die Lagrange-Gleichung lautet:

$$L = (12v_1 + 8v_2) + \lambda(0{,}5v_1^2 * v_2 - 81) = 0.$$

Zunächst werden die partiellen Ableitungen gebildet. Sie lauten:

(1) $\dfrac{\partial L}{\partial v_1} = 12 + \lambda * v_1 * v_2 = 0$.

(2) $\dfrac{\partial L}{\partial v_2} = 8 + \lambda * 0,5 v_1^2 = 0$,

(3) $\dfrac{\partial L}{\partial \lambda} = 0,5 v_1^2 * v_2 - 81 = 0$.

Wird Gleichung (1) durch Gleichung (2) dividiert, kann λ eliminiert werden und es ergibt sich:

$\dfrac{v_1 * v_2}{0,5 v_1^2} = \dfrac{12}{8}$.

Das Auflösen der Gleichung nach v_2 führt zu:

$\dfrac{v_2}{0,5 v_1} = \dfrac{3}{2}$,

$2 v_2 = 1,5 v_1 \quad \Rightarrow \quad v_2 = 0,75 v_1$

Wird das Ergebnis in Gleichung (3) eingesetzt, folgt daraus:

$0,5 v_1^2 * (0,75 v_1) = 81$,

$0,375 v_1^3 = 81 \quad \Rightarrow \quad v_1 = 6 \quad \Rightarrow \quad v_2 = 0,75 * 6 = 4,5$

Bei gegebenen Faktorpreisen und gegebener Produktionsmenge ist es optimal, wenn 6 Einheiten v_1 und 4,5 Einheiten v_2 eingesetzt werden. Die Produktionskosten betragen dann:

$12 * 6 + 8 * 4,5 = 108$ GE.

Aufgabe 4.3:
Der Verlauf des Expansionspfades wird von der Grenzrate der technischen Substitution beeinflusst.

Aufgabe 4.4:
Fixe Kosten sind Kosten, die unabhängig von der Produktionsmenge anfallen. Variable Kosten sind produktionsmengenabhängige Kosten. Versunkene Kosten zeichnen sich durch ihre Irreversibilität aus.

Aufgabe 4.5:
Der typische ertragsgesetzliche Kostenverlauf vollzieht sich in vier Phasen:

- Phase 1: Die totalen und die variablen Stückkosten sind aufgrund der fallenden Grenzkosten rückläufig. In der ersten Phase wird es mit steigender Produktionsmenge immer günstiger, eine Einheit des Produkts herzustellen. Auch die fixen Stückkosten fallen kontinuierlich, sie sind zur Phasenabgrenzung jedoch ungeeignet, da sie mit steigendem Output fortlaufend zurückgehen. Die erste Phase ist beendet, wenn die Grenzkosten ihr Minimum erreicht haben.
- Phase 2: Die Grenzkosten beginnen zu steigen, d. h. die Produktion der nächsten Einheit verursacht fortlaufend höhere Kosten. Da die Grenzkosten jedoch weiter unter den Stückkosten liegen, sinken sowohl die totalen als auch die variablen Stückkosten weiter. Diese Phase ist beendet, wenn die Grenzkostenlinie die Linie der durchschnittlichen variablen Kosten schneidet. Dieser Punkt wird als Betriebsminimum oder **Produktionsschwelle** bezeichnet. Er stellt die kurzfristige Preisuntergrenze dar.
- Phase 3: Die Grenzkosten- und die variable Stückkostenkurve steigen. Da die Grenzkosten jedoch noch niedriger als die durchschnittlichen Kosten sind, fallen diese noch immer. Die Linie der totalen Stückkosten wird in ihrem Minimum von der Grenzkostenkurve geschnitten. An dieser Stelle entsprechen die durchschnittlichen Produktionskosten den Kosten zur Erzeugung der letzten Einheit. Dieser Punkt wird als Betriebsoptimum oder **Gewinnschwelle** bezeichnet; er entspricht der langfristigen Preisuntergrenze.
- Phase 4: Sämtliche Kostenverläufe weisen eine steigende Tendenz auf. Es wird immer kostspieliger, die Produktion auszuweiten.

Aufgabe 4.6:
Es gelten die nachfolgenden Funktionen
$K = 200 + x^3 - 2x^2 + 80x$ (Kostenfunktion),

E = 80x   (Erlösfunktion).

Da im Gewinnmaximum der Grenzgewinn Null ist, werden die ersten Ableitungen der beiden Funktionen gebildet und gleichgesetzt. Es ergibt sich:

$$K' = \frac{\partial K}{\partial x} = 3x^2 - 4x + 80$$

$$E' = \frac{\partial E}{\partial x} = 80$$

$$80 = 3x^2 - 4x + 80$$

$$0 = 3x^2 - 4x$$

$$0 = x^2 - \frac{4}{3}x$$

$$x_{1,2} = +\frac{2}{3} \pm \sqrt{\left(-\frac{2}{3}\right)^2} \quad \Rightarrow \quad x_1 = 1{,}333\overline{3} \quad \text{und} \quad x_2 = 0$$

Im Fall der Produktionsmenge $x_2 = 0$ ist zwar die erste Bedingung $E' = K'$ erfüllt, nicht aber die Bedingung, dass die zweite Ableitung der Gewinnfunktion kleiner Null ist. Diese Bedingung wird nur von der Produktionsmenge $x_1 = 1{,}333\overline{3}$ erfüllt.

Aufgabe 5.1:
Der Grad der Offenheit klassifiziert die Bedingungen unter denen es den Wirtschaftssubjekten möglich ist, am Markt teilzunehmen. Der Organisationsgrad unterscheidet anhand rechtlicher oder traditioneller Regelungen zwischen verschiedenen Markttypen. Der Vollkommenheitsgrad eines Marktes wird von der Markttransparenz und der Homogenität der Güter beeinflusst.

Aufgabe 5.2:
Die **Homogenität der Güter** ist immer dann gegeben, wenn die Käufer die Güter als gleichwertig erachten. Dies ist der Fall, wenn keine qualitativen, zeitlichen, räumlichen Unterschiede oder persönlichen Präferenzen bestehen.

Aufgabe 5.3:
Die Vorteile des Marktgleichgewichts sind:
- Angebotene und nachgefragte Mengen stimmen überein.
- Die umgesetzte Menge ist maximal.
- Der Preis ist pareto-effizient, denn keine Marktseite kann besser gestellt werden, ohne die andere Seite schlechter zu stellen.
- Die Summe aus Produzenten- und Konsumentenrente ist maximal.

Aufgabe 5.4:
Zu einem Angebotsüberhang kommt es durch falsche Preissignale. Wird etwa ein Mindestpreis verordnet, der über dem Gleichgewichtspreis liegt, dann produzieren die Unternehmen mehr von einem Gut, als die Käufer bei diesem Preis nachfragen.

Aufgabe 5.5:
Unter Konsumentenrente wird der Vorteil verstanden, der den Nachfragern dadurch entsteht, dass sie ihr Angebot über einen Markt abwickeln. In diesem Fall erhalten alle Käufer das Gut zum gleichen Preis. Denjenigen Nachfrager, die bereit waren, einen höheren Preis als den Marktpreis zu zahlen, entsteht ein Preisvorteil, der als Konsumentenrente bezeichnet wird.

Aufgabe 5.6:
Ursachen für Nachfrageänderungen sind:
- Ein Rückgang der Anzahl der Käufer aufgrund demographischer Änderungen.
- Eine Nutzenneubewertung aufgrund neuer wissenschaftlicher Erkenntnisse.
- Ein Rückgang des verfügbaren Einkommens aufgrund einer Einkommensteuererhöhung.

Aufgabe 5.7:
Das Cobweb-Theorem beschreibt, wie sich ein neues Marktgleichgewicht trotz Verzögerungen im Anpassungsmechanismus einstellen kann. Es wird deutlich, dass ein neues Gleichgewicht nur dann zu erwarten ist, wenn die Angebotskurve steiler als die Nachfragekurve verläuft.

Aufgabe 5.8:

Langfristig wird der Preis im homogenen Polypol bis zum Minimum der totalen Stückkosten fallen. An diesem Punkt werden die Unternehmen durch die Produktion keinen zusätzlichen Gewinn mehr erzielen. Trotzdem entsteht den Unternehmern ein Gewinneinkommen in Form eines kalkulatorischen Unternehmerlohns, einer Grundverzinsung auf das eingesetzte Kapital und eine Prämie für die Übernahme des unternehmerischen Risikos.

Aufgabe 5.9:

Aus der Preisabsatzfunktion ergibt sich die Erlösfunktion. Ausgehend von der Kostenfunktion ergibt sich die gewinnmaximale Menge durch das Gleichsetzen von Grenzerlös und Grenzkosten.

$E = 3000x - 12x^2$.
$K = 100 + 3x^2$.
$G' = E' - K' = 0$
$3000 - 24x = 6x \quad \Rightarrow \quad 3000 = 30x \quad \Rightarrow \quad x = 100 \quad \Rightarrow$
$p = 3000 - 12*100 = 1800$.

Der Gewinn ist maximal, wenn 100 Stück zum Preis von 1800 GE angeboten werden.

Aufgabe 5.10:

Der Oligopolist kann eine autonome Strategie verfolgen, wenn er davon ausgeht, dass die Wettbewerber auf die eigenen Aktivitäten überhaupt nicht reagieren. Glaubt der Oligopolist, dass der Konkurrent auf seine Aktionen reagieren wird, sich ihnen jedoch letztlich unterordnen wird, dann verfolgt er eine autonom-konjekturale Strategie. Falls der Oligopolist eine konjekturale Strategie gewählt hat, versucht er, die Reaktion der anderen Oligopolisten vorwegzunehmen.

Literaturempfehlungen

Berthold, N. (Hrsg.): Allgemeine Wirtschaftstheorie, München 1995

Börsch-Supan, A./Schnabel, R.: Volkswirtschaft in fünfzehn Fällen, Wiesbaden 2005

Böventer, E. v. u.a.: Einführung in die Mikroökonomie, München u.a. 1997

Bonart, Th./Peters, U.: Mikroökonomie kompakt, Wiesbaden 2002

Brandt, K./Engelkamp, P./Ottnad, A./Tristram, K.: Grundzüge der Mikroökonomie, Freiburg 1993

Feess, E.: Mikroökonomie: Eine spieltheoretisch- und anwendungsorientierte Einführung, Marburg 2004

Henderson, J.M./Quandt, R.E.: Mikroökonomische Theorie, München 1998

Holler, M./Illing, G.: Einführung in die Spieltheorie, Berlin 2003

Neubäumer, R./Hewel, B. (Hrsg.): Volkswirtschaftslehre, Wiesbaden 2001

Rieck, Ch.: Spieltheorie, Einführung für Wirtschafts- und Sozialwissenschaftler, Wiesbaden 1993

Schneider, H.: Mikroökonomie, München 1995

Schumann, J.: Grundzüge der mikroökonomischen Theorie, Berlin u.a. 1999

Varian, H.: Grundzüge der Mikroökonomie, München 2003

Stichwortverzeichnis

Angebotsfunktion 111 ff.
Angebotslücke 126
Angebotsmonopol 136 ff.
Angebotsoligopol 140 ff.
Angebotsverschiebung 127 ff.
Angebotsüberhang 123 f.
Arbeitsangebotskurve 63 ff.

Budgetlinie 40

Coase-Theorem 102
Cobweb-Modell 128 ff.
Cournotscher Punkt 137 ff.

Durchschnittsertrag 77

Edgeworth-Box 93 f.
Effekt, externer 70
Einkommenseffekt 50 f.
Einkommens-Konsum-Kurve 51 f.
Elastizität 52 ff.
   -, Einkommens- 58 f.
   -, Kreuzpreis- 57 f.
   -, Produktions- 77 f.
   -, Preis- 53 ff., 117
   -, Skalen- 81
Engelsche Kurve 51 f.
Entscheidungen
   -, bei Risiko 10 ff.
   -, bei Sicherheit 5 f.
   -, bei Ungewißheit 7 f.
   -, bei Unsicherheit 7 ff.
Entscheidungstheorie 3 ff.
Ertragsgebirge 74 f.
Ertragsgesetz 87
Ertragskurve, partielle 75
Eulersches Theorem 86
Expansionspfad 106

Faktor
   -, angebot 60 ff.

-, intensität 81
Faktorvariation
   -, partiell 74 ff.
   -, total 81 ff.

Gefangenen-Dilemma 21 ff.
Gesamtertragsfunktion 71 ff.
Gewinnschwelle 111, 115
Giffen Paradox 48 ff.
Gossensches Gesetz
   -, erstes 32 f.
   -, zweites 43 ff.
Grenzanbieter 135
Grenzproduktivität 75 ff.
Grenzrate der Substitution 36 ff.
Grenzrate der technischen Substitution 78 f.
Grenzrate der Transformation 95 f.
Güter
   -, freie 70
   -, homogene 122
   -, inferiore 52, 58
   -, neutrale 51, 58
   -, superiore 52, 58
   -, wirtschaftliche 71

Haushaltsnachfrage 47 ff.
Haushaltsoptimum 41 ff.
Homogenitätsgrad 82 ff.
homo oeconomicus 2
Hurwicz-Kriterium 10

Indifferenzkurve 31 f.
Isokostenlinie 102 f.
Isoquante 77
Isoquantengleichung 78 f.

Kontraktkurve 94
Konsum
   -, funktion 47 ff.
   -, kurve 47 ff.

Konsumentenrente 125
Kosten
 -, fixe 107
 -, gesellschaftliche 101
 -, private 101
 -, variable 107
 -, versunkene 107 f.
Kostenverlauf
 -, ertragsgesetzlich 110 f.
 -, langfristig 110 f.

Markt
 -, formen 121 ff.
 -, gleichgewicht 123 ff.
 -, typen 119 f.
Maximax-Regel 9 f.
Maximin-Regel 8
Minimalkostenkombination 103 ff.
Mitläufer-Effekt 60
Monopol 136 ff.

Nachfrage
 -, änderung 129 ff.
 -, interdependenzen 59 f.
 -, lücke 123 f.
 -, überhang 124
Nash-Gleichgewicht 15 ff.
Nutzen
 -, gebirge 31
 -, Grenz- 32 ff.
 -, funktion 29
 -, kurve, partielle 32 f.
 -, theorie 29 ff.

Oligopol 140 ff.

Pareto-Optimum 21, 94
Polypol, homogenes 134 ff.
Preisabsatzfunktion, geknickte 143 ff.
Prestige-Effekt 60
Produktionfaktor
 -, fixer 71 f.
 -, variabler 71 f.
Produktionsfunktion 71 ff.
 -, CES- 73
 -, Cobb-Douglas 73
 -, ertragsgesetzliche 86 ff.
 -, homoge 82 ff.
 -, inhomoge 82
 -, Leontief- 90
 -, limitationale 90 ff.
 -, substitutionale 72 ff.
Produktionskoeffizient 77 f., 92 f.
Produktionsmöglichkeitenkurve 94
Produktionsschwelle 111, 116
Produzentenrente 125

Rationalität 4, 21

Snob-Effekt 60
Spieltheorie 13 ff.
Substitutionseffekt 49 f.
Strategie
 -, dominante 14 f.
 -, gemischte 18 ff.
 -, reine 17 f.

Transaktionskosten 69

Veblen-Effekt 61
Verbrauchsfunktion 91
Verbrauchsplan, optimaler 39 f.
Vorteil, komparativer 69 ff.

Wirtschaftlichkeitsprinzip 2

MIX
Papier aus verantwortungsvollen Quellen
Paper from responsible sources
FSC® C105338

If you have any concerns about our products,
you can contact us on
ProductSafety@springernature.com
In case Publisher is established outside the EU,
the EU authorized representative is:
**Springer Nature Customer Service Center GmbH
Europaplatz 3, 69115 Heidelberg, Germany**

Printed by Libri Plureos GmbH
in Hamburg, Germany